我国海上风电制氢产业发展研究

中国华电集团有限公司福建分公司
编 著

上海大学出版社
·上海·

图书在版编目(CIP)数据

我国海上风电制氢产业发展研究 / 中国华电集团有限公司福建分公司编著 . -- 上海：上海大学出版社，2024.12. -- ISBN 978-7-5671-5161-1

Ⅰ.F426.2

中国国家版本馆 CIP 数据核字第 2024SK9079 号

责任编辑　盛国喾
封面设计　缪炎栩
技术编辑　金　鑫　钱宇坤

我国海上风电制氢产业发展研究

中国华电集团有限公司福建分公司　编著
上海大学出版社出版发行
（上海市上大路99号　邮政编码200444）
（https://www.shupress.cn　发行热线 021-66135112）
出版人　余　洋

*

南京展望文化发展有限公司排版
上海颛辉印刷厂有限公司印刷　各地新华书店经销
开本 710mm×1000mm　1/16　印张 8.25　字数 107千
2024年12月第1版　2024年12月第1次印刷
ISBN 978-7-5671-5161-1/F·252　定价　88.00元

版权所有　侵权必究
如发现本书有印装质量问题请与印刷厂质量科联系
联系电话：021-56152633

主任单位	中国华电集团有限公司福建分公司
成员单位	华电电力科学研究院有限公司
	中国产业发展促进会氢能分会
	上海金文特能源科技有限公司
	华电（福建）风电有限公司
	福建华电可门发电有限公司
	福建省电力勘测设计院有限公司
	清华大学海峡研究院（厦门）
编著人员	林文彪　杨焱　黄彪斌　黄森炎　张聘
	魏雅娟　徐孝峰　王建荣　陈海凌　纪长久
	郑志文　曹春兰　何宗源　陈长生　郑书航
	余建明　陈斌杰　郑文广　林宇华　张宇
	管小平　黄平　陈胤密　罗蒙蒙　程永林
	宋胜男　刘鹏飞　张莉婧　曾庆川　康素琴
	郝功涛　王祎璇　蒋玉娇

序

近年来，中国华电集团有限公司福建分公司（以下简称华电福建公司）积极贯彻落实《中共中央 国务院关于完整准确全面贯彻新发展理念做好碳达峰碳中和工作的意见》《中共中央 国务院关于加快经济社会发展全面绿色转型的意见》，组织开展了海上风电制氢、煤电碳捕集、氢碳耦合制甲醇等前瞻性研究和初步论证工作。在上述研究基础上，华电福建公司于2024年组织科研力量针对全国性的海上风电制氢产业发展开展相关研究。

本书系华电福建公司研究项目"我国海上风电制氢产业发展研究"的研究成果。希望此书的出版发行能够让更多的读者了解我国海上风电制氢产业发展概念、意义，以及相关技术的现状及发展，让更多的读者能够了解海上风电制氢产业对我国能源发展的战略意义和必要性，从而凝聚社会共识，支持海上风电制氢全产业链的发展与壮大。

华电福建公司愿同社会各界一道为我国经济社会全面绿色低碳转型献计献策，为尽早实现"碳达峰　碳中和"目标而共同努力。

由于水平有限，本书所述内容一定还有需要改进和完善之处，还望业内人士及广大读者批评指正。

中国华电集团有限公司福建分公司

2024 年 10 月

目录

第一章 国内外海上风电制氢及相关技术发展情况

一、海上风电制氢技术发展现状 / 3

    1. 海上风电电解水制氢技术及装备概况 / 3

    2. 国内外海上风电电解水制氢相关政策情况 / 7

    3. 国内外海上风电电解水制氢应用实践 / 12

二、绿氢制备氢基燃料技术发展情况研究 / 19

    1. 绿氢制甲醇技术路线研究及应用实践 / 19

    2. 绿氢合成氨技术路线研究及应用实践 / 21

    3. 绿氢合成绿色航煤技术路线研究及应用实践 / 22

三、国内外海上风电制氢及相关技术发展情况总结 / 25

第二章　我国海上风电与氢能产业耦合支撑及发展潜力

一、我国海上风电项目开发现状及发展趋势 / 29

1. 我国海上风能资源禀赋及海上风电项目开发概况 / 29
2. 我国海上风电施工降本增效能力日益提升 / 37
3. 我国海上风电项目政策沿革 / 38

二、氢能支撑海上风电规模化发展 / 41

1. 沿海省市用电现状 / 41
2. 海上风电项目开发存在的挑战 / 42
3. 海上风电制氢是解决海上风电稳定输出的有效途径 / 45

三、我国海上风电与氢能产业耦合支撑及发展潜力总结 / 49

第三章　海上风电制氢及相关储运技术研究 / 51

一、海上风电制氢模式研究 / 53

1. 海上风电＋并（离）网陆上制氢模式 / 53
2. 离（并）网海上集中式制氢模式 / 54
3. 离（并）网海上分布式制氢模式 / 54

二、海上风电制储氢装备平台研究 / 56

三、海上风电制氢的存储与输配技术研究 / 58

1. 海上风电制氢的气态储输氢技术 / 58

2. 海上风电制氢的液态储运氢技术 / 63

3. 海上风电制氢的固态储运氢技术 / 65

四、海上风电制氢及相关储运技术研究总结 / 67

第四章　海上风电制氢可持续运营商业模式研究

一、不同海上风电制氢方案技术经济性比选 / 71

1. 海上风电制氢项目系统规模测算 / 71

2. 基于海上风电的不同制氢方案经济性测算 / 75

3. 不同制氢方案经济性对比分析 / 91

二、海上风电制氢主要应用场景 / 95

1. 海上风电制氢耦合国际绿氢贸易需求 / 95

2. 海上风电制氢耦合化工生产需求 / 97

3. 海上风电制氢耦合氢基燃料发电需求 / 98

4. 海上风电制氢耦合钢铁工业脱碳需求 / 98

5. 海上风电制氢耦合氢基航运燃料需求 / 99

三、海上风电制氢可持续运营商业模式设想 / 102

1. 海上风电制氢市场竞争力分析 / 102

2. 海上风电制氢的商业模式 / 104

3. 海上风电制氢销售前景及客户预测 / 105

四、海上风电制氢可持续运营商业模式研究总结 / 107

第五章　海上风电制氢发展思路及建议

一、海上风电制氢发展总体思路及具体抓手 / 111

  1. 总体思路 / 111

  2. 具体抓手 / 112

二、海上风电制氢发展建议 / 117

后　记 / 119

第一章

国内外海上风电制氢及相关技术发展情况

第一部

一、海上风电制氢技术发展现状

海上风电具有风能资源丰富、发电利用小时数高、适合大规模开发等特点，是我国可再生能源发展的重点领域。随着海上风电开发规模的大型化和开发地域的深远海化，诸如远距离电能送出成本居高不下、通道资源趋于紧张、电网建设相对滞后等问题逐渐显现，使得海上风电开发带来的电网消纳与电网调度安全压力不断增大。

海上风电制氢技术可以有效缓解海上风电快速增长与电网建设滞后之间的矛盾，解决海上风电消纳问题，提高风能利用率，对于沿海地区能源供应至关重要；同时，绿色环保的氢能能够很好地助力工业、航运业等降碳减排，有效支撑实现"双碳"目标。目前，全球多个国家和地区均已积极布局海上风电制氢项目，致力于规模化海上风电制储（运）氢技术的研发和商业模式的探索。相较之下，我国在海上风电制氢领域起步相对较晚，技术研发和项目经验积累尤为必要和紧迫。

1. 海上风电电解水制氢技术及装备概况

（1）电解水制氢技术及装备发展情况

目前，电解水制氢技术主要包括碱性电解水制氢（ALK）、质子交换膜电解水制氢（PEM）、固体氧化物电解制氢（SOEC）、阴离子交换膜电解制氢（AEM）。其中，ALK和PEM技术已进入商业化应用阶段，SOEC技术已进入小规模示范验证阶段，AEM技术尚处于实验研发阶段。

各种电解水制氢工艺路线各有利弊。

目前，基于ALK技术的电解槽技术可靠，成本低，产氢量大，是制备氢气最常用、发展最为成熟的电解水制氢工艺路线，已实现大规模制氢工程应用。但ALK技术同时也存在能耗高、启停机动性差、碱液污染、占地面积大等问题。

PEM的电解槽可实现快速启停，其占地面积较ALK技术所需的占地面积小，也能够较好地适应可再生能源电力波动的随机性，是未来绿电制氢的重要发展方向。但PEM的电解槽设备成本较高，约占该技术制氢成本的50%。PEM技术路线的核心材料——质子交换膜的技术壁垒较高，目前主要依赖国外进口，这为供应链和成本管理带来了较大压力。近十年来PEM制氢技术发展迅速，国内已实现小规模商业应用。

SOEC电解槽设备可在高温下工作，部分电能可由热能替代，效率高、成本低，使用非贵金属催化剂，可满足交流和直流两种电流模式下的工作需求；较适合产生高温、高压蒸汽的光热发电等系统，同时反应后的余热可与汽轮机、制冷系统进行联合循环利用，能源利用效率可提升至90%以上。SOEC技术适用于热能资源丰富的地区或余热较多的场景，如制造业大型热电联产、船舶等重型交通用燃料电池等。目前，全球范围内仅有少数企业实现了SOEC技术的商业化，国内SOEC技术的发展尚处于小规模示范阶段。

AEM技术中所用到的电解槽使用镍基等更为经济的催化剂，能够大幅降低整槽成本，但AEM的商用落地还需要实现膜材料技术及其产业化的进一步突破，因此，AEM技术目前尚处于实验室测试阶段。

上述四种电解水制氢技术的电解槽参数对比详见表1.1。

表 1.1　四种电解水制氢技术的电解槽参数对比

参　数	ALK	PEM	SOEC	AEM
电解液	30% KOH 溶液	纯水	纯水	1 mol/L KOH 溶液
隔膜/电解质	石棉膜/PPS布/PSF布	全氟磺酸膜 PFSA	固体氧化物 YSZ	阴离子交换膜
阳极材料	不锈钢镀镍	氧化铱	钙钛矿结构材料 $CaTiO_3$	镍网
阴极材料	不锈钢镀镍	铂碳	Ni-YSZ	NiFeCo合金
工作温度/℃	< 90	< 80	> 800	< 80
电流密度/($A \cdot cm^{-2}$)	0.2—0.35	1.0—2.5	< 1.0	0.8—2.2
产氢纯度/%	> 99.8	> 99.99	> 99.99	> 99.99
产业化程度	成　熟	较成熟	小规模示范	实验室阶段
单槽产能/($Nm^3 \cdot h^{-1}$)	3 000	500	—	—
优　点	技术成熟、结构简单、无贵金属氧化剂、成本较低	设备体积小、氢气纯度高、气体压力较高、波动电源适应性强、冷启动迅速	效率高、电解能耗低、采用非贵金属催化剂	电流密度高
缺　点	电流密度低、设备体积大、电解液有泄漏风险、对电源有稳定性要求、动态响应差	成本高、使用寿命短、采用的贵金属催化剂具有一定的毒性	耐久性、密封性和材料老化问题待解决、需额外热源、启动慢	聚合物膜稳定性差

资料来源：中国产业发展促进会氢能分会整理

综合来看，现阶段ALK和PEM两种电解水制氢技术的发展相对成熟，相应的电解槽已实现规模化、商业化应用，可优先用于海上风电制氢场景。从长远来看，未来AEM制氢技术在发展成熟后有望成为海上风电制氢的重要技术路线之一。

（2）海水电解制氢技术发展情况

海水电解制氢可分为海水间接电解制氢和海水直接电解制氢两种技术方案，前者是将海水淡化和纯化处理后进入传统的 ALK 或 PEM 电解水槽进行电解制氢；后者是将海水简单处理后进入海水电解槽电解制氢。

海水淡化技术方面，目前国内外常用的海水淡化技术主要分为两种，即膜法和热法。两种海水淡化方式各有优劣，反渗透工艺所需能源消耗较低，但对于原水的水质要求很高，前期需要对原水进行严密的预处理。这两种海水淡化方式的产水品质可达到甚至超过自来水水质，可直接用作生活、消防、工业用水。另一种海水淡化技术——低温多效蒸发工艺，其对原水的水质要求较低，不需要配备前期原水预处理设备，产水品质很高，可满足生活、消防、工业用水，但能耗高，较大体积功率的设备在需要消耗一定电能的同时，还需要大量的蒸汽来提供能源。目前，海水间接电解制氢已在全球多国开展规模化示范工程项目。

20 世纪 70 年代初有科学家提出了海水直接电解制氢的构想。近半个世纪以来，美国斯坦福大学、法国国家科学研究中心、澳大利亚阿德莱德大学，以及中国科学院、深圳大学、四川大学等的国内外知名研究团队从催化剂工程、膜材料科学等方面开展了大量探索研究，旨在破解海水无淡化直接电解制氢面临的析氯副反应、钙镁沉淀、催化剂失活等难题。

美国能源部与斯坦福大学的研究团队利用双膜系统和电力直接从海水中制取氢气，且过程中不产生大量有害物质。通过精心设计的双层膜结构，研究人员成功实现了对海水中离子移动方式的精准控制。质子（即正氢离子）能够穿越其中的第一层膜，顺利到达收集区域，通过与带负电的电极相互作用，转化为清洁的氢气；而第二层膜则具有特殊的选择性，只允许负离子（如氯离子）通过，从而有效避免了不良反应的发生，提高了制氢效率。深圳大学谢和平院士团队创立了相变迁移驱动海水无淡化原位直接电解制氢的全新原理与技术，并自主攻关研制了国际首套400 L H_2/h的海水原位无淡化直接电解制氢原理样机，在深圳湾海水中稳定制氢超过3 200 h。2023年5月，该团队与东方电气联合开展了海上风电制氢海试，平均电解能耗为5（kW·h）/Nm^3 H_2。中国科学院大连化学物理研究所突破高选择性耐氯析氧电极设计与制备等技术，设计集成的1 Nm^3/h直接电解海水制氢装置，采用大连海域自然海水为原水，截至2023年9月，已完成2 000 h连续稳定运行，平均直流电耗为4.04（kW·h）/Nm^3 H_2，并已成功开发新一代电解海水制氢电极与电解槽设计技术，实现了在相同电解电压下，电解槽电流密度提高1倍以上。

然而，尽管海水电解制氢技术已经取得重大进展，但工艺过程和设备制造环节尚不完善，如何降低海水电解的成本、提高电解效率和延长电解槽的使用寿命仍面临巨大的挑战。

2. 国内外海上风电电解水制氢相关政策情况

（1）国外海上风电电解水制氢相关政策情况

在国际方面，德国、英国、荷兰、巴西、越南等国家纷纷布局海上风电制氢，以氢能促进海上风电资源开发，推动区域能源低碳绿色转型发展。欧盟为支持绿色可再生氢能产业的发展，建立了欧洲氢能银行，该机构旨在发挥协调作用，提高氢气流动、交易和价格的透明度，收集供需信息，提供透明的价格信息，制定价格基准，以刺激和支持可持续氢能的生产和投资。欧洲氢能银行是欧盟推广可再生能源开发与部署氢能技术的重要工具，已于2023年年底投入运营，为欧洲绿色交易目标项目提供资金，助力较难电气化的欧洲工业部门逐步实现去碳化。2024年上半年，欧洲氢能银行利用部分欧盟排放交易系统的收入，通过招标为可再生氢气生产提供了7.2亿欧元的补贴。国外发布的海上风电制氢相关政策详见表1.2。

表 1.2 国外海上风电制氢相关政策情况

国家	政策内容
德国	2020年6月,德国政府公布《国家氢能战略》,明确到2030年德国氢能需求为90—110 TW·h(230万—280万吨),电解制氢设备装机容量达到5 GW,用于制造绿氢的可再生能源发电量为20 TW·h,2035—2040年,再增建5 GW的电解制氢设备。围绕规划目标,在氢能制取、应用领域、基础设施和研究创新以及国际合作等方面共制定了38项措施,其中,在氢气制取方面提出,支持海上风能生产"绿氢"。
英国	2020年11月,英国政府正式公布绿色工业革命十点计划,是近期英国政府在应对气候变化和发展低碳经济领域发布的最重要的文件之一,该计划涉及海上风电、低碳氢能、绿色公共交通等方面,并发布了低碳氢供应链优选项目,总资助达3 300万英镑,重点支持低碳氢供应解决方案的可行性研究以及典型示范项目的开发。
法国	根据"法国2030"计划,法国将投入10亿欧元用于可再生能源的研发,计划到2050年建成50个海上风力发电场,实现风电产能达40 GW的目标;太阳能发电装机容量将增加10倍,达到100 GW以上;还提出在30年内将能源消耗减少40%,加速工业设备脱碳和住房节能改造,大力发展新能源汽车和氢能产业;并重申发展绿氢是工业脱碳的支点之一。法国氢能战略路线图设定的目标是,到2030年建成6.5 GW电解水制氢设备,年产绿氢70万吨。
荷兰	荷兰发布了《荷兰气候协议》和《国家氢能战略》,明确了在发展氢能基础设施、拓展供应渠道、开展跨部门合作以及促进绿色氢能项目上的坚定决心。荷兰还启动了氢运输网络建设、拟建设氢运输链,连接欧洲氢能市场,希望未来能成为欧洲氢能门户。
爱尔兰	2023年,爱尔兰政府发布《国家氢能战略》,重点布局经济脱碳,提高能源安全。该战略考虑整个氢价值链的需求,包括生产、终端使用、运输和储存、安全、监管、市场、创新和技能等多个方面。预计到2030年将海上风电装机容量提高到5 GW的目标,同时打算再增加2 GW的海上风力发电用于生产绿氢。
巴西	2023年,巴西政府发布《三年氢能工作计划》,目标是每年通过海上风电生产3.5亿吨绿氢。巴西政府还将推出一整套海上风电监管框架,以进一步推动海上风电市场的发展。在巴西,绿氢的应用空间十分广泛,巴西每年消耗化肥4 500吨以上,其中大部分由天然气制成,绿氢将为化肥市场带来低碳排放的原料。通过使用绿氢作为原料,巴西化肥生产过程中的碳排放将大幅减少,有助于推动农业可持续发展。
越南	2024年2月,越南《人民报》报道,海上风电制氢凭借零碳排放、能源转换效率高等优势,逐渐成为各国能源转型的优先解决方案,也将成为越南实现2050年净零排放目标的有效途径之一。在氢能使用方面,越南国家油气集团的石化炼油厂和氮肥厂是绿氢的直接使用客户,逐步取代当前的灰氢。凭借在海上油气项目开采和运营方面的丰富经验,越南国家油气集团及其下属的越南石油技术服务股份公司正在实施系列海上风电项目,为发展绿色氢能创造良好的前提条件。

资料来源:中国产业发展促进会氢能分会整理

第一章　国内外海上风电制氢及相关技术发展情况

（2）国内海上风电电解水制氢相关政策情况

我国海上风电虽然起步较晚，但发展迅猛，已进入规模化开发阶段。氢能作为用能终端绿色低碳转型的重要载体，已成为海上风电消纳的重要途径之一。国家部委、地方政府纷纷出台相关政策，支持建设海上风电制氢项目，支持海上风电制氢产业在探索海上制氢前沿技术、综合利用海洋资源、开拓绿氢下游产业链等方面发挥重要作用。

表1.3　国内海上风电制氢相关政策情况

政策名称	发布主体	发布时间	政　策　概　要
《国家能源局关于组织开展可再生能源发展试点示范的通知》	国家能源局	2023年9月	该政策文件明确提到海上能源岛示范，支持结合海上风电开发建设，融合区域储能、制氢、海水淡化、海洋养殖等发展需求，建设包括海上风电、制氢等多种能源资源转换利用一体化设施。这一政策为海上风电制氢的示范应用提供了明确的指导和支持。
《国务院关于支持山东深化新旧动能转换推动绿色低碳高质量发展的意见》	国务院	2022年9月	提出支持山东大力发展可再生能源，打造千万千瓦级深远海海上风电基地。打造集成风能开发、氢能利用、海水淡化及海洋牧场建设等的海上能源岛。建设国家海洋综合试验场（威海），实施智慧海洋工程。
《"十四五"可再生能源发展规划》	国家发展改革委等九部门	2022年6月	明确提出了探索推进具有海上能源资源供给转换枢纽特征的海上能源岛建设示范，结合山东半岛、长三角、闽南、粤东和北部湾等重点风电基地开发，建设海洋能、储能、制氢、海水淡化等多种能源资源转换利用一体化设施。
《海南氢能产业发展中长期规划（2023—2035年）》	海南省	2024年1月	将发展氢能作为打造新经济增长点、清洁能源岛升级的重要抓手，提出以海上风电等制绿氢为基础，带动氢能在汽车、船舶、化工、航天、能源等领域应用，同步利用自贸港优势探索开展国际合作。

9

续　表

政策名称	发布主体	发布时间	政　策　概　要
《省政府关于加快培育发展未来产业的指导意见》	江苏省	2023年11月	氢能方面，围绕推进氢能"制储运加用"全链条发展，充分发挥江苏沿海风电资源集聚优势，着力突破海水制氢等可再生能源制氢关键技术，推动液氢制储运关键技术研发及应用，积极发展石墨烯、高活性轻金属等固态储氢材料及关键技术，大力发展制储氢装备及关键零部件，推动氢燃料电池汽车、氢冶金等场景示范应用，实现多能互补。
《广东省加快氢能产业创新发展意见的通知》	广东省	2023年11月	提出持续推进可再生能源制氢，鼓励开展海上风电、光伏、生物质等可再生能源制氢示范，加强海水直接制氢、光解水制氢等技术研发，拓展绿氢供给渠道，降低制取成本。
《河北省新能源发展促进条例》	河北省	2023年9月	鼓励在海上风能资源丰富地区采取连片规模化方式开发建设海上风力发电项目，探索海上风力发电与渔业养殖、制氢、储能、文旅观光等多种业态相结合融合的多元化发展模式。
《上海市进一步推进新型基础设施建设行动方案（2023—2026年）》	上海市	2023年9月	提出结合本市海上风电规划布局和区域用氢需求，择优支持具备绿氢制备能力的海上风电项目开展示范，试点高波动电力出力条件下的绿氢制备技术，率先形成氢电耦合调峰等标准。
《江苏省海洋产业发展行动方案》	江苏省	2023年8月	海洋电力业方面提出，全力推进近海海上风电规模化发展，稳妥推进深远海风电试点应用，研究多种能源资源集成的海上"能源岛"建设可行性，探索海上风电、光伏发电融合发展。积极探索海上风电制氢、太阳能海水制氢、深远海碳封存等前沿技术，打造海洋可再生能源利用高地，支持盐城、南通、连云港沿海的新能源等产业，积极参与国家先进制造业集群竞赛。

续　表

政策名称	发布主体	发布时间	政　策　概　要
《山东省船舶与海洋工程装备产业发展"十四五"规划》	山东省	2022年3月	大力发展海上风电装备、海洋可再生能源装备、海水淡化综合利用平台，推动海上风电制氢、深水天然气水合物开发装备、海上碳捕捉及封存、清洁能源浮岛和海上浮式核电站平台等研制应用。
《辽宁省"十四五"海洋经济发展规划》	辽宁省	2022年1月	提出积极推进海水氢能源开发利用，加快氢能产业基地建设，支持建设氢能产业应用示范区。突破漂浮式风机发电及海上制氢技术瓶颈，加强深海可燃冰开采与利用、海洋新型矿产资源开发等关键技术和成套装备研制。
《浙江省可再生能源发展"十四五"规划》	浙江省	2021年6月	提出探索海上风电基地发展新模式。通过海上风电规模化发展实现全产业链协同发展，重点在开发规模相对集中的区域集约化打造海上风电+海洋能+储能+制氢+海洋牧场+陆上产业基地的示范项目，并出台相关配套政策，带动浙江省海上风电产业发展。结合海上风电开发，探索海上风电制氢、深远海碳封存、海上能源岛等新技术、新模式。

资料来源：政府门户网站

　　氢气是一种无色、无味、无毒的气体，在常温常压下的密度非常低，仅为空气密度的1/14。由于氢气分子非常小，其容易从储存和输送系统中泄漏。氢气泄漏往往发生在燃料管线、阀门以及高压储罐上出现的微小裂缝处。氢气具有极易燃烧的特性，在常压空气中，氢气的最小点火能量是0.02 mJ。氢气与空气混合后，可以形成爆炸性混合气体。氢气的燃烧爆炸范围比汽油和天然气更宽，其（20℃，101.325 kPa）可燃浓度范围为4%—75%（体积分数），最小点火温度为573.6℃。在工程上，一般通过安装探测器警报与排风扇来共同控制氢气浓度保持在4%的爆炸下限以下。氢气的物理性质和化学性质决定了其本身具有一定的安全风险。国内外应用实践表明，必须按照相应标准来规范生产、存储及使用氢能，氢能安全才能够得到切实保障。

长期以来，氢气处于危险化学品名录中。按照以往关于在化工园区外禁止建设危险化学品生产项目的规定，制氢项目只能在化工园区内选址建设。2023年以来，我国已有多地发布绿氢生产的放开政策，内蒙古、新疆、四川先后发布相关法规，允许在化工园区外建设太阳能、风能等可再生能源电解水制氢项目和制氢加氢一体站，项目主体无须取得危化品生产许可证。2024年11月8日第十四届全国人民代表大会常务委员会第十二次会议通过《中华人民共和国能源法》，氢能被正式与石油、煤炭、天然气等并列作为能源进行管理，这标志着在法律层面对氢能作为能源的认可，氢能的能源属性得到进一步明确。海上风电制氢产业发展过程中，相关政策法规的制定可借鉴陆上新能源制氢管控方式。

3. 国内外海上风电电解水制氢应用实践

全球范围内对海上风电制氢比较积极的国家主要是荷兰、法国、德国、比利时、英国和韩国。

2021年7月，荷兰启动全球首个海上油气平台绿氢项目PosHYdon，于2024年5月在InVesta进行陆地测试，但暂无最新进展报道。2023年7月，法国Lhyfe公司Sealhyfe项目正式投运，设计日产绿氢400 kg，是国外唯一实现海上制氢的工程示范。荷兰壳牌也已宣布启动欧洲最大，也可能是全球最大的绿色氢气项目的计划NortH$_2$，项目预计在2027年实现首次送电，并计划到2040年在项目区域达成10 GW海上风电装机、年产80万吨绿色氢气的目标，截至目前，该项目的规模位列全球第一。

在欧洲各国海上风电制氢项目火热开展的同时，也有部分项目延期、暂缓甚至取消。其可能原因有以下几方面：

一是技术挑战。海上风电制氢技术仍处于发展阶段，面临着一系列问题，技术问题得不到及时解决则可能导致项目延期。例如，瑞典开发商Vattenfall认为，分散式海上风电制氢的成熟度还远远不足，主要是供应链及配套设施在技术和成本上未达到预期，因此终止Hydrogen Turbine 1（HT1）项目。

二是经济性问题。海上风电制氢的成本相对较高，尤其是在初期阶段。如果直接供电比制氢更经济，开发商会选择更有利的方案。例如，2024年3月，位于英国的全球最大海上风电场Dogger Bank的第四期场址Dogger Bank D项目，随着接入点和消纳问题的解决，也决定放弃在技术和成本上都不够成熟的绿氢计划。

三是政策和监管环境。政策支持和监管框架的不确定性也可能影响项目的进展。政府的政策变动、补贴减少或环保要求的变化都可能导致项目的延期或取消。例如，Gigastack和Dolphyn项目宣布放弃。其中，Gigastack项目要等待项目进一步成熟以及供应链的发展；Dolphyn项目原计划将1.2 GW电力用于电解制氢，现在希望开发一个规模更大的项目，争取更多的政策与资金支持。

四是市场需求变化。市场对氢气的需求波动也会影响项目的发展与存续。如果市场对氢气的需求预期下降，投资者可能会重新评估项目的可行性。

国外海上风电制氢项目的概况详见表1.4。

表1.4 国外海上风电制氢项目概况

国 家	承包商	项目名称	项 目 简 介
荷兰	海王星能源	PosHYdon	2021年7月全球首个海上风电制氢PosHYdon项目启动，旨在验证海上风电制氢的可行性，氢气产出后与天然气混合，通过已有天然气管道并入国家管网。通过验证海上风电、海上油气平台以及氢能制取运输体系的整合，以及海上环境对制氢设备的影响研究，最终为海上大规模低成本绿氢发展提供宝贵经验。

续表

国　家	承包商	项目名称	项　目　简　介
荷兰	壳牌	NortH$_2$	该项目采用海水淡化＋PEM制氢技术路线。预计在2027年实现首次送电，并计划到2040年在项目区域达成10 GW海上风电装机、年产80万吨绿色氢气的目标，项目规模堪称全球第一。
法国	Lhyfe	Sealhyfe	2023年6月，Lhyfe集团的全球首个海上制氢示范项目Sealhyfe在大西洋生产了第一批绿氢。Sealhyfe项目采用1 MW制氢电解槽，海上平台面积不到200 m^2，每天能够生产多达400 kg的氢气。
英国	Environmental Resources Management	Dolphyn	Dolphyn项目计划在北海开发一个4 GW的浮式风电场，采用在10 MW浮式风机平台上配置制氢设备，风机发电就地制氢，然后通过管道将氢气输送到陆上。
英国	Phillips 66和Orsted	Gigastack	由Phillips 66和Orsted牵头的Gigastack项目是一个100 MW的电解制氢项目，使用来自Hornsea Two海上风电场的电能生产绿氢，氢气将用于Phillips 66的Humber炼油厂。
英国	Orsted	Hornsea 2	Orsted的1.4 GW Hornsea 2海上风电场将与Gigastack项目连接生产绿色氢气。
苏格兰	Vattenfall	Hydrogen Turbine 1（HT1）	项目拟放置PEM制氢设备的单台风机选自Vattenfall开发的苏格兰阿伯丁海上风电场，所产绿氢可供氢能源公交车行驶。
英国	英国能源巨头SSE Renewable、Equinor和意大利能源公司埃尼（Eni）共同拥有	Dogger Bank D四期	四期仅有一部分电力接入英国电网，其余电力将用于制备绿色氢气，或者通过跨国底电缆送到其他国家。
比利时	DEME、PMV、ostend港	Hlyport Oostende	该项目在ostend港实施。项目第一阶段开发一个50 MW的制氢示范项目，第二阶段开发一个规模更大的商业化项目，并在2025年前完成。

续 表

国 家	承包商	项目名称	项 目 简 介
比利时	Engie	Tractebel Overdick	2023年6月，比利时Tractebel Overdick项目将400 MW海上风电场的电能送至海上升压站。升压站将一部分电力输送至陆地并网进行陆地电解槽电解制氢，另一部分电力用于在新建固定式制氢平台上进行电解制氢，产生的氢气储存在地下盐穴中，通过穿梭油轮或海底管道输送至陆地氢网。
德国	西门子Gamesa	AquaPrimus	该项目将风电场风机制造的氢气汇总后输送到海底，存储在专用的高压储罐中，通过海底管道输送至陆地终端。该项目计划2025年在黑尔戈兰岛外海两台14 MW的风机平台上各安装一个电解槽。该项目采用海水淡化+PEM制氢技术路线。
韩国	韩国船舶与海洋工程研究所（KRISO）	—	2023年7月，韩国船舶与海洋工程研究所（KRISO）宣布，其研发的海上制氢平台已经获得美国船级社的原则性批准。该平台是一座可以利用海洋可再生能源发电以生产绿色氢气的环保型平台。该平台由海水淡化系统、水电解系统、压缩系统以及加压储氢系统组成。
韩国	济州能源公社	—	2020年11月，韩国开展试点项目，拟通过东北北村海上风力发电系统，构筑通过风力发电的弃电每天生产600 kg氢气的系统，将生产的氢气液化压缩的系统，以及使用2 MW·h的电进行储电的系统。
挪威	德西尼普FMC	Deep Purple	该项目采用海水淡化+PEM制氢技术路线。2023年7月，挪威Deep Purple试点项目风机产生的电能全部在风机平台上进行电解制氢，通过海管输送到陆地。
日本	—	JIDAI	日本JIDAI项目位于北海道海岸，风电场电能汇总至半潜制氢平台，生产的氢气压缩储存在半潜平台储气罐系统，通过穿梭油轮进行外输，计划2030年前实现商业化。

续表

国　家	承包商	项目名称	项　目　简　介
新加坡	Tractebel Overdick	Energy-Plus	该项目采用海水淡化＋PEM制氢技术路线。在北海开发建设一个"一站式"海上平台，利用海上风电制氢和制氨。该平台名为"Energy-Plus"，规划容量为400 MW，底部为导管架基础，上部平台装设电解设备，用于生产绿色氢气并通过管道外送，同时还生产少量绿色氨气，用气罐存储和运输。
瑞典	大瀑布集团 Vattenfall	Hydrogen Turbine 1	该项目采用海水淡化＋PEM制氢技术路线。2022年，瑞典大瀑布集团宣布计划在苏格兰阿伯丁海上风电场，也叫欧洲海上风电部署中心项目的其中一台风电机组上直接安装制氢设备，再通过海底管线输送到陆上。

资料来源：中国产业发展促进会氢能分会整理

目前，我国的海上风电制氢项目主要以技术研发和示范项目为主，距离规模化投产尚有一定距离（表1.5）。

表1.5　我国海上风电制氢项目概况

相关单位	项目名称	项　目　简　介
深圳清华大学研究院、深圳能源集团	500 kW电解海水制氢设备研发	500 kW电解海水制氢装备在深圳能源集团妈湾电厂正式开展示范应用，运行后制氢量可达每小时100 Nm^3。该项目是全球单体规模最大，首个"百标方"级电解水制氢示范工程。
深圳清华大学研究院、中国海油等	兆瓦级抗波动直接电解海水制氢关键技术研究与装备集成应用	该项目为科技部重点研发项目，开展兆瓦级抗波动直接电解海水制氢关键技术研究与装备集成应用。

第一章 国内外海上风电制氢及相关技术发展情况

续 表

相关单位	项目名称	项目简介
东方电气集团与谢和平院士团队	海上风电无淡化海水原位直接电解制氢技术	2023年5月,谢和平院士团队与东方电气联合设计的漂浮式海水制氢平台,在福建省福清市兴化湾成功进行海水原位直接电解制氢海试,实现了在3—8级大风、0.3—0.9 m海浪、暴雨等强干扰下,以1.2 Nm^3 H$_2$/h规模、5(kW·h)/Nm^3 H$_2$电解能耗连续稳定运行10天,与实验室效果相当。其海水杂质离子阻隔率≥99.99%,制氢纯度可达99.99%。
中海油和同济大学	中海油海上制氢工艺技术研究	中海油与同济大学共同针对海上风电制氢新的工艺方案和技术路线的可行性和经济性开展研究。
明阳集团	明阳青洲四海上风电场	明阳青洲四海上风电场项目场址涉海面积约73.7 km^2,水深范围41—46 m,中心离岸距离约75 km。拟采用世界首创的"导管架+网衣融合"开发技术,配套建设风电制氢项目。
大连清洁能源	海水制氢产业一体化示范项目	大连市普兰店区海水制氢产业一体化示范项目预计分期建设,一期建设100 MW滩涂光伏,60 MW制氢,形成年发电量1.37×10^8 kW·h绿电和年产2 000吨的新能源绿氢产能。以一期项目为基础,计划累计投资约30亿元,逐步形成500 MW新能源发电、10 000吨绿氢的产业规模。
明阳集团	明阳集团东方CZ9海上风电场示范项目	明阳集团东方CZ9海上风电场示范项目总装机容量为1 500 MW,投产后预计每年可为海南提供4.95×10^9 kW·h绿电,是海南首个海洋能源立体开发示范项目,将建设成面向无补贴时代"海上风电+海洋牧场+海水制氢"立体化海洋能源创新开发示范项目。

资料来源:中国产业发展促进会氢能分会整理

海上风电制氢面临的问题主要包括以下几个方面：

一是海上可再生能源发电的随机性、波动性、间歇性对制氢电解槽适应性及稳定性所提出的高要求。

二是针对海水电解效率低、海水对电解槽部件造成腐蚀、海水中杂质导致催化剂失活等问题，可规模化、商业化应用的高效耐腐蚀电极开发、海水原位制氢电解槽研发技术亟待突破。

三是海洋高温、高湿、高盐雾等恶劣环境对制储氢工艺、设备的影响。

四是海洋平台空间狭仄对设备布置及系统模块化集成技术的要求。

五是海上长期无人值守对制储氢设备安全可靠性、智能运行与监控的要求。

六是远距离海上输氢、运氢的安全性要求等。

二、绿氢制备氢基燃料技术发展情况研究

以海上风电制氢获得的绿色氢能为核心，实现绿色能源转化的绿氨、绿色航煤等氢基绿色能源受到了广泛关注，有望替代石油、天然气等化石燃料。氢基绿色能源既从根本上解决了可再生能源及氢能的大规模存储、远距离运输难题，又进一步拓展了下游新兴应用场景，市场需求广泛。与之相关的氢气合成甲醇、合成氨、合成绿色航煤等技术研究也得到了越来越多的重视。

1. 绿氢制甲醇技术路线研究及应用实践

甲醇是我国重要的化工基础原料和燃料，绿氢与二氧化碳（CO_2）可通过一步式催化工艺合成甲醇。其中，CO_2的捕集源由传统的能源/工业设施逐步拓展至生物质和空气等中性碳源。2021年12月3日，工业和信息化部发布了《"十四五"工业绿色发展规划》（以下简称《规划》）。《规划》提出，把"促进甲醇汽车等替代燃料汽车推广"纳入"绿色产品和节能环保装备供给工程"，把"二氧化碳耦合制甲醇"列入"绿色低碳技术推广应用工程"。2022年8月，科技部等九部门印发《科技支撑碳达峰碳中和实施方案（2022—2030年）》，提出研究以水、二氧化碳和氮气等为原料直接高效合成甲醇等绿色可再生燃料的技术。

现阶段二氧化碳捕集（CCS）加氢合成甲醇，能耗和成本依然较高，该技术工艺尚停留在中试阶段；未来有望为实现碳中和目标提供技术保障。欧洲方面，在欧盟发布的《欧盟可再生能源指令（RED Ⅱ）》的补充条例中对绿色甲醇作出了全生命周期碳排放不超过28.2 g CO_2eq/MJ的规定。而用燃煤电厂捕捉的二氧化碳和绿氢生产的甲醇的碳排放也达到了33.1 g CO_2eq/MJ。也就是说，如果按照国际可再生能源机构（IRENA）的绿色甲醇划分标准，CCS耦合的"绿电制绿氢再制甲醇"也达不到欧盟制定的相对应的绿色甲醇范畴之"可循环碳燃料"的标准。

国际上，日本三井化学公司开发并运行了100吨/年的演示装置，CO_2来自乙烯生产过程，H_2采用太阳能光解水制得。冰岛Carbon Recycling International (CRI)公司完成了由地热能驱动的CO_2加氢制甲醇中试，其通过从热电厂排放气体中捕集CO_2，并由地热和水电发生的电力电解水得到H_2，该示范工厂的甲醇产能可达3 500吨/年。

国内方面，中国科学院大连化学物理研究所通过开发有效催化剂及集成创新了液态太阳燃料合成全流程工艺，开展了千吨级液态太阳燃料–二氧化碳加氢制甲醇示范项目，实现了CO_2高稳定性加氢合成甲醇。该示范项目CO_2总转化率达到了98%，甲醇总选择性达到了99%。安阳顺利公司引进CRI公司的技术制备甲醇，已于2022年投产，年产甲醇达10万吨。

据预测，我国火电行业预计2060年可通过碳捕集、利用与封存技术（CCUS）实现约10亿吨/年的二氧化碳减排量；钢铁、水泥、化工等行业在提高生产效率和达到生产峰值后将仍有部分二氧化碳需要通过CCUS实现减排；到碳中和前夕，国内仍将有一部分温室气体无法通过常规技术手段完成减排，生物质能碳捕集和空气碳捕集技术预计将贡献5亿吨/年至8亿吨/年的二氧化碳移除量。

2. 绿氢合成氨技术路线研究及应用实践

合成氨的制备技术路线主要有传统的哈伯法和新兴的电化学法、光催化等温和合成氨技术路线。传统的合成氨技术主要基于哈伯-博施过程（Haber-Bosch process），该过程在高温高压条件下，使用铁基催化剂促进氮气和氢气反应，生成氨气。哈伯法是目前最为成熟可靠、使用最普遍的合成氨技术。

1913年9月，世界上第一座合成氨装置投产，其采用哈伯（Fritz Haber）发明的催化合成氨技术，被认为是20世纪催化技术对人类最伟大的贡献之一。经过100多年的发展，合成氨工业取得了巨大的进步，压力大幅降低，能耗随之降低。单套生产装置的规模已由当初的日产合成氨5吨发展到目前的年产百万吨级，反应压力已由100 MPa降到了10—15 MPa，能耗也已接近理论能耗，哈伯法的优化空间已经很小。

新兴的温和合成氨技术路线包括电化学法、光催化法、生物催化法、循环法、等离子体法等。其中与可再生能源的分散性、间断性高度适配的电化学合成氨引起了越发广泛的关注。

与传统的哈伯法工艺不同，电催化裂解路线可以实现在小型装置中的氨合成，并有希望降低成品价格、实现碳中和，但目前尚处于实验研发阶段，距离工业化尚有时日。

光催化合成氨是利用可见光下的空气与水发生氧化还原反应生成氨，其面临需要开发高效稳定的催化剂的问题。

生物催化合成氨技术依赖于生物质原料，暂不适用于规模化工业路径。

总体上各类新兴工艺尚处于实验室研究迭代阶段，相关的催化剂材料与工艺流程尚不成熟，距产业化还有比较大的距离。

温和合成氨技术路线中，国内福大紫金的清洁高效"氨-氢"能源催化转换成套技术获评2022年度绿色低碳颠覆性创新技术。基于此技术，福大紫金开发了全国首套"低温氨现场制氢-加氢一体化示范站"并在福州长乐正式启动，该示范站集氨现场制氢、分离纯化、升压加注等功能于一体，为长乐两辆氢燃料电池公交车成功加注高压氢气。此外，福大紫金还开发出多套5—10 kW"氨-氢"燃料电池发电站，为山区、海岛等不同场景的4G/5G基站提供了稳定备电保障。

国内大型合成氨厂均采用8—22 MPa低压合成技术，已经自主掌握了十万标准立方米每小时级的大型空分/煤气化技术、30万吨/年以上大型合成氨技术等。我国合成氨主要是煤制合成氨，约占总产能的75.5%，其余主要为天然气原料，约占总产能的21.4%。随着"双碳"战略实施，未来在合成氨领域，降低碳排放强度的主要措施包括节能减排、CCUS、耦合绿氢等。

近两年我国已开建20余个绿氨合成示范项目，规划绿氨年产能超400万吨。其中，大安吉电风光制绿氢合成氨一体化示范项目采用"绿氢消纳绿电、绿氨消纳绿氢"的一体化解决方案，聚合风力发电、光伏发电、储能、氢能、绿氨等多种清洁能源形式，形成"电-氢-氨"全产业链。该项目包含一套18万吨合成氨装置，投产后将成为国内最大的绿氢合成绿氨创新示范项目。

3. 绿氢合成绿色航煤技术路线研究及应用实践

绿色航煤SAF（Sustainable Aviation Fuel），又称可持续航空燃料，与传统航空燃料相比，其最高可减少80%—85%的碳排放量。根据美国材料与试验学会（ASTM）公布的数据，截至2023年7月，ASTM共批准了11种受监管准许的SAF路线。

酯类和脂肪酸类加氢工艺HEFA（Hydroprocessed Esters and Fatty Acids）是一种生物航煤制备工艺。这种工艺将脂质原料（如植物油、餐饮厨余食用油、动物脂肪）中的甘油三酯、饱和及不饱和脂肪酸通过去氧及加氢处理分解成碳氢化合物，随后通过精炼转化为柴油或航空燃油。这是目前最为成熟，可以实现完全商业化的HEFA技术路径。HEFA和炼油工艺共通性高，目前90%的HEFA产能由炼油厂掌握。HEFA可以在传统航空燃料中掺入至多50%，是目前美国主要推进的SAF路线。

费-托合成（Fischer-Tropsch synthesis），简称F-T合成，是以合成气（一氧化碳和氢气混合体）在催化剂作用下合成原油（液态的烃或碳氢化合物），再精炼为需要的燃料产品。

F-T合成根据合成气来源可以细化为两条路线：一是传统FT-SPK（合成气费-托合成石蜡煤油），其合成气的来源为生物质（市政垃圾、农业或森林废物等）气化纯化或生物甲烷气重整。二是Power-to-Liquids费-托合成，简称PtL费-托合成，其合成气来源为绿电解水制氢＋空气捕捉/生物质捕捉二氧化碳，再制成合成气。FT-SPK是欧洲的主流路线，可以在传统航煤中掺入至多50%；而PtL费-托合成的技术路线还处于早期，尚未纳入ASTM的认证体系，其理论上可以在传统航空燃料中掺入20%—50%，且对绿氢需求量拉动效应更强。

醇喷合成工艺（Alcohol-to-Jet），简称AtJ，是将糖类或淀粉作物转换为乙醇或异丁醇，再转化为碳氢化合物。其中，中间产物酒精（乙醇或异丁醇）的来源有两类：由糖类或淀粉作物（如玉米或甘蔗）发酵而来；以由木质纤维素（如农业或森林废物）得来。醇类物质最后通过脱水、低聚、加氢转化以及蒸馏转化为航空燃料。AtJ所产绿色航煤可在传统航空燃料中掺入至多50%。

糖类加氢处理发酵（Hydroprocessed Fermented Sugars），简称HFS，是将糖类直接转化为碳氢化合物。该过程又称合成异构烷烃（SIP），这个过程类似AtJ，但省去了中间的乙醇或异丁醇的转化步骤。糖类会被发酵为不饱和碳氢化合物即法尼烯（$C_{15}H_{24}$），然后再转化为法尼烷（$C_{15}H_{32}$）。HFS或SIP可以在传统航空燃料中掺入至多10%。

欧洲议会于2023年9月13日通过了《ReFuelEU航空法规》。该法规将要求燃料供应商在欧盟机场的传统航空燃料中掺入更多的SAF，以增加航空领域对绿色航煤的使用。根据新规，从2025年开始，至少2%的航空燃料将是绿色燃料，这一比例将每五年增加一次，到2030年达到6%，到2035年达到20%，到2040年达到34%，到2045年达到42%，到2050年达到70%。

由于目前SAF政策从欧洲起步，且规管的是欧盟的航空燃料提供商以及在欧盟境内起飞航班的燃料加注行为，因此目前欧盟SAF在建及规划产能体量可观。截至2023年年末，根据欧洲运输与环境联合会的统计，欧洲经济区境内共有25个大型和20个小型合成燃料SAF项目在推进当中，其中大型工业项目预计2030年总产能达到170万吨。

国内方面，2023年7月，国电投塔城120万千瓦级风电制氢合成绿色航煤项目签约。2024年5月，中国能建中电工程与黑龙江省双鸭山市人民政府举行了生物质绿色甲醇与绿色航煤一体化项目签约仪式。项目总投资约208亿元，投产后年产100万吨绿色甲醇及绿色航煤。

绿色航煤本身受原料及工艺特点的影响，其产品或多或少受产品指标限制，且原料来源不稳定，波动性大，生产成本也较高，这些限制了绿色航煤大规模的应用与发展。

三、国内外海上风电制氢及相关技术发展情况总结

从成本和技术成熟度等因素考虑，ALK和PEM电解水制氢技术可用于当前海上风电制氢场景。

由于海上风电具有较大电源波动性和随机性及深远海域环境恶劣、长期无人值守的特点，PEM电解水制氢技术更具优势。

海水电解制氢技术在电解槽膜结构设计、抗腐蚀电极研发等方面已经取得了较大突破，但仍面临着提高电解效率和延长电解槽使用寿命等挑战，未来在相关技术突破后亦可能成为规模化海上风电制氢的重要选择。

全球多个国家开展了海上风电制氢的规划及建设探索，采用PEM电解水技术居多。由于技术成熟度不高，以及经济性、政策和监管环境变化等原因，欧洲多个海上风电制氢项目选择了终止或延期。

绿氢制备氢基燃料相关技术研究表明：

工业二氧化碳捕集加氢合成甲醇技术工艺现阶段尚处于中试阶段，燃煤电厂CCS耦合绿氢再制甲醇达不到欧盟制定的相对应的绿色甲醇范畴之"可循环碳燃料"的标准；

温和合成氨技术已有"低温氨现场制氢-加氢一体化示范站"应用；

绿色航煤技术由于原料及工艺特点的影响，限制了其大规模的应用与发展；

长期来看，绿氢转存为甲醇、氨后运输及应用具有较大发展空间。

第二章

2

我国海上风电与氢能产业耦合支撑及发展潜力

一、我国海上风电项目开发现状及发展趋势

1. 我国海上风能资源禀赋及海上风电项目开发概况

我国已经探明的近海风资源储量约7.5亿kW（水深2—15 m的近海区域）；深远海海风资源技术可开发量超过20亿kW，风电开发潜力巨大。我国海上风电起步较晚，但近年来发展迅猛，成效显著（图2-1）。截至2024年3月，我国累计海上风电并网装机容量达到3 803万kW。当前，海上风电产业呈现规模稳步增长、上下游产业链持续完善、布局逐步向沿海省市集中等特点，进入高质量发展阶段。据统计，

图2-1　2013—2023年中国海上风电装机容量

"十四五"期间,各沿海省市规划的海风开发目标超6 000万kW,新增装机目标超5 000万kW(见表2.1)。

表2.1 "十四五"期间部分地方海上风电规划目标(单位:万kW)

省 份	"十三五"累计并网(投产)容量	"十四五"新增并网(投产)容量	至2025年累计并网(投产)容量
江 苏	681.6	909	1 500
浙 江	40.7	450	500
福 建	101.6	410	500
广 东	135.8	1 700	1 800
山 东	1.5	500	500
上 海	41.7	180	180
辽 宁	42.5	375	405
广 西	—	300	300
海 南	—	200	200
天 津	11.7	90	200
河 北	30	380	500(至2027年)
合 计	1 087.1	5 494	6 585

资料来源:《海上风电回顾与展望2023》(全球海上风电大会,2023年6月),并结合相关公开报道整理

全球范围内,海上风电装机量在亚太和欧洲地区呈现出高产业集中度,两地区海上风电装机容量分别占全球海上风电装机量容量的52%和47%,合计占比99%(截至2023年年底)。亚太地区正在逐步取代欧洲成为海上风电新的增长极,据全球风能协会预测数据,未来中国将在全球的海上风电行业中处于引领地位。从我国海上风电的政策制定和出台情况来看,国家通过主管部门发文或部门联合发文的形式,以及地方"十四五"规划,稳妥有序推动海上风电基地建设,推动海

第二章 我国海上风电与氢能产业耦合支撑及发展潜力

上风电向深水远岸发展。

通常陆上风机的年发电利用小时数大约是2 000小时,而海上风机往往能超过3 000小时。相比陆风,海风的优势非常明显,而远海又远胜于近海。我国共拥有长度超过18 000 km的大陆海岸线,岛屿6 500多个,海域总面积超过470万 km²。海上风能资源丰富主要受益于夏、秋季节的热带气旋活动和冬、春季节的北方冷空气影响。各沿海省、市由于地理位置、地形条件的不同,海上风能资源也呈现不同的特点。

中国气象局风能太阳能资源评估中心依托全国风能详查工作,建立风能资源数值模拟评估系统WERAS/CMA,初步模拟得到我国近海70 m高度风能资源图谱(图2-2)。模拟结果显示,台湾海峡是我国近

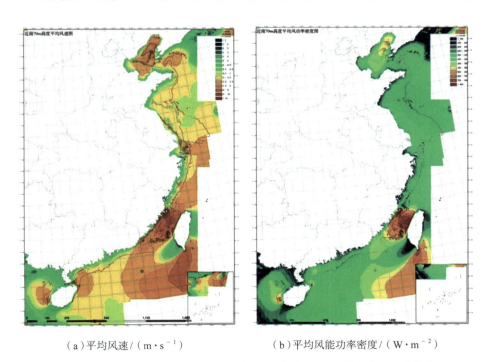

(a)平均风速/(m·s^{-1})　　　　(b)平均风能功率密度/(W·m^{-2})

图2-2　采用WERAS/CMA数值模拟的中国近海70 m高度风能资源图谱

资料来源:中国气象局门户网站——我国近海风能资源概况

海风能资源最丰富的地区，风能资源等级在5级以上，广东省近海海域的风能资源等级在3—5级之间，北部湾海域风能资源为2—4级，海南岛西部的东方市近海海域具有4级的风能资源。从福建省往北，近海风能资源逐渐减少，渤海湾的风能资源又有所加强。浙江省近海的风能资源为3—5级；上海市近海为3级；江苏省近海为3级；山东省近海为3—4级；河北省、天津市和辽宁省近海风能资源为3—4级。

截至2023年年底，我国海上风电并网容量最多省份依次是广东、江苏、山东、浙江和福建。主要沿海省市风能资源及海上风电项目进展情况及趋势如下。

（1）广东省风能资源及海上风电项目进展情况及趋势

广东省拥有超过4 100 km的海岸线，海域面积超过41万km^2，港湾众多，岛屿星罗棋布。沿海海面100米高度层年平均风速可达7 m/s以上，并呈现东高西低的分布态势，在离岸略远的粤东海域，年平均风速可达8—9 m/s或以上；有效风能功率密度大于等于200 W/m^{2}的等值线平行于海岸线，沿海岛屿的风能功率密度在300 W/m^{2}以上，粤东海域甚至可到750 W/m^2。粤东海域平均风速可达5—6级，粤西、珠三角海域为3—4级，呈现出自东向西递减、自近岸向海中递增的趋势。广东省沿海平均风速较大，风能功率密度和风能利用小时数较高，湍流强度较低，风能资源丰富、品质较好。全省近海海域风能资源理论总储量约为1亿kW，同时，广东省也是我国热带气旋影响最为频繁的省份之一，热带气旋对海上风电场有利有弊，海上风电开发建设应予以足够重视。在广东省发展改革委印发的《广东省海上风电发展规划（2017—2030年）（修编）》中，规划海上风电场址达23个，总装机容量6 685万kW。包括：近海浅水区（35 m水深以内）海上风电装机容量985万kW；近海深水区（35—50 m水深）规划装机容量5 700万kW，主要作为广东省海上风电远期开发建设储备场址，待相关技术成熟、开发建设成本下降后合理推进开发。

(2) 福建省风能资源及海上风电项目进展情况及趋势

福建省地处欧亚大陆的东南边缘,海域面积达13.6万km^2,海岸线总长超过6 100 km,能源主要依托风电、光伏、水电、核电等清洁电力。受季风和台湾海峡"狭管效应"的共同影响,使福建成为我国海上风电资源最丰富的地区之一,年平均风速超过9 m/s,海上风电可利用小时数达4 000小时以上,靠大陆区域水深为9—25 m,靠海峡中部区域理论水深为25—35 m。独特的风能资源,使福建省发展风电具有得天独厚的优势。根据国家气候中心的模拟分析,福建省近海风电技术可开发量(按照离岸100 km水深50 m的边界条件测算)约为46 GW。但是,福建海域处在华南褶皱带东缘,海底地质主要为坚硬的花岗岩海床,岩体复杂多变、岩面起伏剧烈,海底地质条件复杂,技术挑战和施工风险均远超其他海上风电项目。2022年5月,福建省第二版"海上风电规划"获得国家能源局批复,共规划场址31个,装机规模1 880万kW。根据第二版规划,福建省在"十四五"期间,择优选择1 030万kW海上风电项目开展前期工作;"十五五"期间,选择850万kW海上风电项目开展前期工作。另有规划闽南外海浅滩风电基地,被国家能源局列为全国五大海上风电基地之一。闽南浅滩风电基地,规划场址分为32个区块,总装机容量达5 020万kW,分批实施。根据《福建省"十四五"能源发展专项规划》,规划在"十四五"期间新增风电项目410万kW,力争再竞配核准海上风电项目200万—300万kW。截至2023年年底,福建省海上风电装机容量已超过400万kW。

(3) 江苏省风能资源及海上风电项目进展情况及趋势

江苏省位于我国东部沿海中心地带,季风气候明显,沿海地区风速梯度较大,风速等值线基本与海岸线平行,大部分海域70 m高度风速超过7 m/s。省内风能资源由沿海向内陆减小,风能资源潜在区域主要集中在沿海的连云港、盐城和南通三市,大部分区域的装机容量系数为3—4 MW/km^2,部分地区的装机容量系数可达到4—5 MW/km^2。沿海地区大部分地区 50 m 高度的年平均风能功率密度在 200—300 W/m²，属于 2 级风能资源等级。从时间分布分析，江苏省冬季和春季风能资源丰富，夏季和秋季的风能资源相对较少。在春冬季节，沿海地区的 50 m 高度风能功率密度为 200—350 W/m²，而在夏秋季节，风能功率密度为 150—300 W/m²。在全国范围内，江苏省海上风电建设起步最早，2006 年，江苏省首座风电场——南通如东龙源风电场的第一台风机正式并网发电，随后江苏省沿海地区风电装机容量就保持着高速增长。截至 2023 年 11 月底，江苏省海上风电装机规模超过 1 100 万 kW，占全国海上风电总装机容量的 37% 以上，是我国第一个千万千瓦级海上风电省份。2023 年 8 月，江苏省政府印发《江苏省海洋产业发展行动方案》，提出全力推进近海海上风电规模化发展，稳妥推进深远海风电试点应用。2023 年年底，江苏省发展改革委正式印发《江苏沿海地区新型电力系统实施方案（2023—2027 年）》，该实施方案指出：到 2027 年，江苏省将新增海上风电项目 1 000 万 kW 以上。

（4）浙江省风能资源及海上风电项目进展情况及趋势

浙江省内全年季风显著，在杭州湾海域、舟山东部海域、宁波象山海域、台州海域和温州海域均具有丰富的海上风能资源，具备建设大型海上风电场的条件。但是，杭州湾入海口风高浪急、乱流沙涌，最大潮流达到 2.24 m/s，是世界三大强潮湾之一。同时，常年泥沙淤积使得海底淤泥层深厚，厚度超过 50 m，且其表层 10 m 左右深度均为浮泥，地质松软、易滑、承载力低，海上风电工程建设难度相对较大。根据国家气候中心的模拟分析，浙江省近海风电技术可开发量约为 43 GW，"十四五"规划期间可新增海上风电装机容量 450 万 kW 以上，但是，浙江省海上风电可获取项目有限，海上气候条件一般，产业链也不完整。2017 年，浙江省首个海上风电场项目——国电舟山普陀 6 号海上风电场项目首台机组成功并网。"十三五"期末浙江省已建成海上风电 40.7 万 kW；"十四五"规划新增海上风电装机 450 万 kW 以上，力争到2025年，海上风电总量达500万kW并积极探索海洋能综合开发利用。

（5）山东省风能资源及海上风电项目进展情况及趋势

山东省海岸线约占全国六分之一，毗邻海域15.95万km^2，是东部沿海重要省份之一。根据国家气候中心模拟给出的中国海风风能资料显示，山东的海上风电技术可开发约358 GW，其中近海为218 GW，深远海风能资源技术开发量为139.8 GW。山东省沿海风力资源丰富，具有风速高、静风期少的特点，同时，受台风和热带气旋影响较小，地质构造稳定，风电开发建设条件优良，适宜风电规模化发展。山东省首个海上风电项目已于2021年12月底并网；截至2023年年底，山东省海上风电项目并网达472万kW，装机量规模靠前。预计到2025年，山东省累计开工的海上风电项目总规模达1 200万kW以上、建成并网800万kW，到2030年，具备条件的海上风电规划场址"应建尽建"，迈入全国海上风电发展第一方阵。

（6）海南省风能资源及海上风电项目进展情况及趋势

海南省海岸线长超过1 600 km，海域面积约200万km^2，海上风能资源良好。根据国家气候中心数据研究：海南省在离岸100 km水深50 m的条件下，海上风电技术可开发量达到25.43 GW。根据海南省可再生能源协会统计：海南省受台湾海峡和季风性气候等的影响，近海风能资源特别丰富，近海区域90 m高度年平均风速为6.76—7.78 m/s，年平均风能功率密度在343.1—692.1 W/m^2之间，具备大规模开发利用近海风能资源的条件。海南省"十三五"期间规划建设海上风电总装机容量为395万kW。《海南省海洋经济发展"十四五"规划（2021—2025年）》优选在东方西部、文昌东北部、乐东西部、儋州西北部、临高西北部50 m以浅海域优选五处海上风电开发示范项目场址，总装机容量300万kW，2025年实现投产规模约120万kW，稳步推进海上风能资源利用，加强全岛及周边海域风能资源勘查，科学有序推进海上风电开发，鼓励发展远海风电。

（7）上海市风能资源及海上风电项目进展情况及趋势

上海市海岸线长约210 km，海域面积约1 600 km²。由于海域面积相对较小、海上风电资源相对有限，因此上海的海上风电场开发建设不以数量、规模取胜，而以有限的场址资源，体现"高端示范、技术引领、促进产业发展"的开发宗旨。上海市建有国内第一座海上风电场——东海大桥海上风电场。2022年4月16日，上海市人民政府印发《上海市能源发展"十四五"规划》，提出近海风电重点推进奉贤、南汇和金山三大海域风电开发，探索实施深远海域和陆上分散式风电示范试点，力争新增规模180万kW。2022年8月11日，上海市发展改革委印发《上海市能源电力领域碳达峰实施方案》，提出推进长江口外北部、长江口外南部、杭州湾以及深远海海域等四大海上风电基地建设，预留南、北海上风电场址至市区通道走廊。"十四五"期间重点建设金山、奉贤、南汇海域项目，启动实施百万千瓦级深远海海上风电示范。"十五五"时期重点建设横沙、崇明海域项目，形成深远海海上风电示范。2025年、2030年全市风电装机力争分别超过262万kW、500万kW。

（8）辽宁省风能资源及海上风电项目进展情况及趋势

辽宁省海岸线长度约1 780 km，近海风能资源条件较优，沿海城市大连、锦州、营口经济发展迅速。辽宁省海上风电规划达2 070万kW，"十三五"期末已建成海上风电42.5万kW，"十四五"期间辽宁省的海上风电发展目标为开工935万kW，力争并网300万kW，其中省管海域开工325万kW，力争并网100万kW；国管海域开工610万kW，力争并网200万kW。

（9）广西壮族自治区风能资源及海上风电项目进展情况及趋势

广西壮族自治区海岸线长约1 600 km。除与广东、海南共享北部湾及南海海域空间资源外，其沿海还拥有滩涂约1 005 km²，20 m水深以内的浅海约 6 000 km², 是我国西部地区 12 个省区市中唯一的沿海省份。根据广西壮族自治区海上风电的风资源数据的实测和评估分析，北部湾海域平均风速在 7.5—8.5 m/s 之间，资源条件较好。根据中国气象局统计，在离岸 100 km 范围且水深小于 50 m 的情况下，广西的海上风电技术可开发量为 1 485 万 kW。广西海上风电规划在 2021 年 11 月初正式获得国家能源局批复，规划装机容量超过 2 000 万 kW，标志着广西壮族自治区海上风电产业由规划阶段正式进入建设实施阶段。广西海上风电资源开发按照"由近及远、先易后难"的原则有序推进。2022 年 8 月底，广西壮族自治区通过竞争性配置择优选定了钦州、防城港两个海上风电示范项目的投资主体，并于 12 月底顺利完成了对防城港示范项目 A 场址的核准，实现了广西海上风电项目核准零的突破。目前，广西正在加快推进相关前期工作，计划 2025 年年底前全部建成并网。2024 年 1 月 28 日，广西壮族自治区首个海上风电项目——防城港海上风电示范项目首批机组成功实现并网发电。

综上各省份的情况，我国海上资源丰富，各省份存在差异，从全国范围来看，风能资源最丰富的区域出现在台湾海峡，由该区域向南、北两侧大致呈递减趋势。福建省、广东省海域风电可利用小时数较高，电能质量最优。

2. 我国海上风电施工降本增效能力日益提升

与欧洲相比，我国海上风电的开发环境更为复杂，存在低风速、多台风、复杂水文地质等特定环境挑战，然而这些挑战也促进了我国海上风电技术的不断进化和进步。

一是海上风机技术方面：机组研发能力不断提升，大容量机组与国际水平差距缩小。目前，我国已经形成具有知识产权的大型兆瓦级风电机组的研发能力，随着自身技术研发、示范以及商业推广的开展，我国海上风机与世界先进水平的差距正在进一步缩小。二是漂浮式海上风电技术方面：由我国企业牵头自主研发深远海浮式风电装备陆续完成示范应用。三是深远海输电技术不断提高，大吨位级别施工平台建造能力提升。

海上风电的施工技术成熟化、建设规模扩大化、基础形式多样化、设计方案稳定化、施工船机专业化等，为提升我国海上风电经济性提供了支持。

3. 我国海上风电项目政策沿革

自2010年以来，我国对海上风电项目先后实施了特许权招标、标杆上网电价、竞价上网等政策。2019年5月21日发布的《国家发展改革委关于完善风电上网电价政策的通知》提出将海上风电标杆上网电价改为指导价，新核准海上风电项目全部通过竞争方式确定上网电价。基于此，各省陆续开展了竞争性配置。竞争性配置项目一般选择投资能力强、技术水平先进、省内贡献大的企业获得场址开发权。重点支持本地风电装备产业发展及引进新能源或其上下游配套产业落地的项目。

2021年6月7日，国家发展改革委发布《关于2021年新能源上网电价政策有关事项的通知》，明确自2021年8月1日起，新核准（备案）海上风电项目、光热发电项目上网电价由当地省级主管部门制定，具备条件的可通过竞争性配置方式形成，上网电价高于当地燃煤发电基准价的，基准价以内的部分由电网企业结算。另一方面，进入"十四五"时期后，海上风电项目进入了国家补贴退出的新阶段。根据财政部、国家发展改革委、国家能源局印发的《关于促进非水可再生能源发电健康发展的若干意见》，2022年新增海上风电不再纳入中央财政补贴范围。为保障海上风电平稳向平价上网过渡，各地方多出台政策予以支持。广东、山东、浙江、上海等陆续出台海上风电补贴政策（表2.2）。

表2.2　广东、山东、浙江、上海三省一市海上风电项目补贴政策简介

省 份	保 障 政 策
广东	对于2022年、2023年、2024年全容量并网项目每千瓦分别补贴1 500元、1 000元和500元
山东	对2022—2024年建成并网的项目，由省财政分别按照每千瓦800元、500元、300元的标准给予补贴，补贴规模分别不超过200万kW、340万kW、160万kW
浙江	2022年和2023年，全省享受海上风电省级补贴规模分别按照60万kW、150万kW控制，补贴标准分别为0.03元/（kW·h）和0.015元/（kW·h）。项目补贴期限为10年，从项目全容量并网的第二年开始，按照等效年利用小时数2 600小时进行补贴
上海	针对深远海海上风电项目和场址中心离岸距离大于等于50千米近海海上风电项目奖励标准为500元/kW，单个项目年度奖励金额不超过5 000万元。适用于上海市2022—2026年投产发电的项目

资料来源：相关公开资料收集整理

近年来随着海上风电竞价政策实施，上网电价降至0.2元/（kW·h）左右（表2.3），为海上风电制氢的发展提供了条件。海上风电竞配政策可进一步调整，如海上风电资源竞配时，鼓励落地氢能配套产业，促进海上风电制氢产业发展。

表2.3　部分区域海上风电情况对比

省 份	发电小时数/h	造价/[元/（kW·h）]	海上风电竞价金额/[元/（kW·h）]	当地燃煤标杆电价/[元/（kW·h）]
福建	3 500—4 000	13 000—15 000	0.193—0.204	0.393 2
上海	3 000—3 600	10 000—12 500	0.207—0.302	0.412 0
广东	3 000—4 000	13 000—15 000	0.453 0	0.453 0
浙江	2 000—2 600	12 000—14 000	0.415 3	0.415 3
江苏	3 000—3 600	10 000—12 500	0.391 0	0.391 0
山东	2 800—3 200	10 000—12 500	0.394 9	0.394 9

续 表

省 份	发电小时数 /h	造价 /[元/(kW·h)]	海上风电竞价金额/[元/(kW·h)]	当地燃煤标杆电价/[元/(kW·h)]
海南	3 100—3 500	12 000—13 000	0.429 8	0.429 8
辽宁	2 800—3 100	12 000—14 000	0.374 9	0.374 9

资料来源：相关公开资料收集整理

当前，我国海上风电以潮间带、近海风场为主，而随着潮间带、近海项目大量开发，近海风电资源开发利用已趋近饱和，后续海上风电必将走向深远海。

与近海项目相比，深远海区域具备风资源更加丰富、风速更加稳定、更加靠近负荷中心、开发限制更少等优点，便于大规模海上风电的集中开发，成为下一阶段海上风电发展的重点。将来随着大量风电资源并网，将面临消纳等问题，需要开展相关技术及产业的前瞻性研究。

二、氢能支撑海上风电规模化发展

全球能源互联网发展合作组织2020年6月发布的《中国"十四五"电力发展规划研究》预测，我国将主要在广东、江苏、山东、浙江、福建、辽宁和广西沿海等地区开发海上风电，重点开发7个大型海上风电基地，2035年、2050年总装机规模分别达到7 100万kW、1.32亿kW。

1. 沿海省市用电现状

截至2023年年底，全国累计发电装机容量约29.2亿kW，用电量约9.22万亿kW·h。中东部地区是我国电力负荷中心，2023年电力需求占全国的50%以上，其中，广东、江苏、山东、浙江等省用电需求量最大；广东2023年全社会用电量达到8 502亿kW·h，是全国首个电量突破8 000亿kW·h的省份（表2.4）。

表2.4 各沿海省份2023年发电量及用电量情况　　单位：亿kW·h

省　份	发电量	用电量	用电差额
广　东	6 718.6	8 502	−1 783.4
江　苏	6 106.3	7 832.96	−1 726.66
山　东	5 915.7	7 965.6	−2 049.9
浙　江	4 353.1	6 192	−1 838.9
河　北	3 736.1	4 757	−1 020.9

续 表

省　份	发电量	用电量	用电差额
福　建	3 073.6	3 090	−16.4
广　西	2 287.3	2 449.4	−162.1
辽　宁	2 202.5	2 663	−460.5
上　海	954.9	1 849	−894.1
天　津	808.1	1 051	−242.9
海　南	448	482	−34
合　计	36 604.2	46 833.96	−10 229.76

资料来源：国际能源网

随着我国现代化建设进程深入推进，中东部地区电力需求仍将保持刚性增长。中东部地区一次能源匮乏，海上风电距离负荷中心更近，能源开发输送综合效率更高，随着海上风电开发成本降低，海上风电将成为沿海地区能源保障的有力补充。

2. 海上风电项目开发存在的挑战

当前国内海上风电开发项目规模大型化和地点深远海化趋势明显，远距离海上电力送出主流方案是风电机组通过中压海缆接入海上换流站，海上换流站将交流电变换为直流电，再通过高压直流海缆输送到陆上，在登陆点附近建设陆上换流站，将直流电转换为交流电接入工频交流电网，再通过交流架空线输送到负荷中心。

大规模海上风电接入我国东南沿海负荷中心电网，加之电网特高压直流落点多、分布式光伏大量接入，电网安全稳定问题相对突出。例如，江苏省、广东省、山东省、浙江省的最高用电负荷均超过9 000万kW，落地华东地区的特高压直流线路已经超过10条，核电机组也有较多分布并基荷运行。多种新能源、核电、外来电力均不参与电网调峰，对调峰资源造成挤兑，交流故障造成大规模新能源连锁脱网，多回直流同时闭锁的风险也在加大，这些都对海上风电的消纳提出了挑战。

基于海上风电在出力特性方面的随机性、波动性、间歇性，以及其特殊的开发环境，海上风电开发面临诸多问题。

（1）电网稳定问题

当前海上风电大多分散就近接入电网，而大规模海上风电接入将影响电网安全稳定。风电常通过电力电子变流器并网，实现机组转速与电网频率的解耦，其有功功率无法响应频率变化，削弱了电网的调频能力。从电网侧来看，风机本身不具有惯量，大规模海上风电并网后，将导致电网整体惯性水平下降，进而导致相同扰动下频率偏差增大。当电网中风电渗透率提升到一定程度时，将明显影响电网的频率稳定。海上风电夜间负荷下降，风电出力增加，出力特性与用电需求特性不匹配，具有典型的反调峰特性。以国内某沿海省份为例（表2.5），其全省海上风电反调峰天数的全年占比接近60%，同步电机机电特性主导新型电力系统运行特性的情况在一定程度上被削弱，当大规模海上风电并网接入时，新能源和直流通道等电力电子化电源所占比例上升，对目前的电网形态和结构造成冲击。

表2.5 国内某沿海省份海上风电反调峰天数统计

项　　目	夏　季	冬　季	全　年
反调峰天数/天	109	101	210
平调峰天数/天	36	35	71
正调峰天数/天	39	45	84
反调峰深度/%	22	31	28

资料来源："南方电网技术"公众号，"海上风电发展机遇与挑战"

（2）大容量远距离海上电力送出问题

与近海风电场相比，深远海域海上风电的送出通道、并网方式面临更为严苛的要求，以柔性直流为代表的深远海大规模海上风电并网送出技术仍面临诸多难题。例如，远海风电柔性直流系统运行工况多变、频率耦合机理复杂，振荡抑制面临极大挑战，并且系统稳定性、可靠性尚未经过长期实际运行验证；直流海缆等核心设施设备的绝缘水平出现研制瓶颈，整个系统的暂态过电压抑制要求与近海风场相比更高；柔直换流站设备多、占地面积大，然而海上平台空间、承重严重受限，其紧凑化、轻型化需进一步提升。

目前，单回 500 kV 交流送出方式最大送电能力为 100 万—120 万 kW，大规模集中送出面临着送出回路多、距离受限等问题；直流送出方式输电距离没有限制，但传输容量受到海缆的技术限制，当前单回 ±500 kV 直流海缆的输送容量约为 2 000 MW，柔性直流方式的送出容量虽然更大，但造价较高，技术也尚未完全达到实用化程度。

（3）国土空间问题

我国海上风电主要分布在东南沿海地区，假设未来超大规模海上风电开发均采用目前最大的 ±500 kV/2 000 MW 直流送出技术方案，则一方面需要规划大量海底走廊，大量占用海底资源，然而我国东南沿海地区海洋活动频繁、用海需求多样，用于海上风电开发及并网送出的通道资源趋于紧张，易与交通、海事、国防等方面的用海需求形成矛盾；另一方面也需要在沿海登陆点密集建设大量陆上换流站，大量占用海岸线土地资源，然而我国东南沿海地区地势多山，沿岸低洼平地也已开发了大量海滩景点，目前我国海上风电开发项目已出现陆上换流站选址十分困难的情况，未来的城市土地资源也无法支撑陆上换流站的用地需求。

我国海上风电登陆点与负荷中心存在一定距离，如广东省海上风电登陆后距珠三角地区仍有 100—300 km 的距离。按照单回 500 kV 交流架空线3 000 MW的输送容量计算,未来沿海地区仍需新增大量交流输电大通道来增强负荷中心对海上风电的有效消纳。然而,我国沿海经济发达城市陆上输电走廊严重不足,不具备大量新增交流输电通道的条件,国土空间资源已成为制约海上风电发展的又一重要瓶颈。

3. 海上风电制氢是解决海上风电稳定输出的有效途径

现阶段海上风电发展面临诸多挑战,海上风电实际可开发容量也需综合考虑海洋功能区划、海洋生态保护、港口通航、海底光缆及油气管道布置、军事设施影响等多方面因素才能最终确定。氢是实现气、电、热、冷等多种能源形式互联的载体,在海上能源互联网的融合发展、替代一次性能源、降碳减排等诸多方面意义重大。

(1)氢储能有效支撑电网安全稳定运行

在我国"双碳"目标及构建新型电力系统、加快规划建设新型能源体系的背景下,新能源装机容量迅速增长。新能源一次电力的技术特性决定了它在未来电网中很难脱离储能和系统调节能力独立存在。现阶段,新能源发电的比例比较低,传统电力系统仍有较强的稳定性,新能源通过配置一定规模的储能,就可以实现顺利并网。未来,电网面临20%、30%甚至70%以上更高比例的新能源接入电网,需要发掘足够的可控资源,平抑新能源的周期性和波动性,才能实现电网平衡。

由于海上风电具有随机性、间歇性、波动性等特点,大规模海上风电电力接入电网将对电力系统的安全稳定运行产生较大影响。当海上风电发电出力不能满足用电需求时,将会导致电压波动、频率波动等电能质量问题,影响电网安全稳定运行,严重时可造成停电事故;反之,当海上风电发电出力超出用电需求时,为了维护电网的安全、保证供电质量,必须对多余的海上风电进行弃电或者寻找其他出路。以广东省为例,其2025年海上风电的装机容量预计将达到18 GW,占省内电力总装机容量的7.4%，约占广东省全年预测最大负荷的10%，在局部时段（如8月典型周凌晨3时至6时负荷低谷时段），若海上风电发电出力较大，即便采取将煤电降至最小技术出力和抽水蓄能等调节手段，仍将存在弃电可能，这一情况会随着未来海上风电规模的快速增长而愈发严重。

为达到对部分深远海地区发展潜力较大的风能资源的有效利用、保障大规模海上风电接入和电网安全稳定运行，长周期、跨季节、大规模和跨空间的氢储能系统正逐步发展并成为海上风电发展的重要支撑。

其一，氢储能系统能够平抑海上风电出力波动，提升电能质量。当风电充足但无法上网时，利用电解水制氢装置吸收功率的快速响应特性，将水电解制成氢气和氧气，例如，PEM电解技术可实现输入功率秒级甚至毫秒级响应，适应0—120%的宽功率输入，冷启动时间小于5分钟，使得氢储能系统可以实时调整跟踪海上风电的出力。当风电出力不足时，利用氢气可快速通过燃料电池或其他方式转换为电能输送上网。

其二，氢储能系统能够跟踪补偿计划出力曲线，提升供电可靠性，减小对电网的冲击。利用氢储能系统的大容量和相对快速响应的特点，实现电/氢两种清洁能源的互联，配合燃料电池等现场发电技术，对海上风电实际功率与计划出力间的差额进行补偿跟踪，大幅缩小与计划出力曲线的偏差，提高风电跟踪计划的准确性，助力电力系统调度部门统筹安排，使各类电源的协调配合，及时调整或调度计划，从而降低海上风电等随机电源接入对电力系统的影响。

其三，氢储能系统能够提供电网调峰辅助容量，缓解输配线路阻塞。随着大规模海上风电的渗透及产业用电结构的变化，电网峰谷差不断扩大，我国电力调峰辅助服务面临着较大的容量缺口，预计到2030年容量调节缺口将达到1 200 GW，到2050年缺口将扩大至约

2 600 GW。另外，在我国部分地区，电力输送能力的增长跟不上电力需求增长的步伐，在高峰电力需求时输配电系统会发生拥挤阻塞，影响电力系统正常运行。氢储能系统可以安装在输配电系统阻塞段的潮流下游，电能被存储在没有输配电阻塞的区段，在电力需求高峰时氢储能系统便可以释放电能，从而满足输配电系统容量的要求，缓解输配电系统阻塞的情况。

其四，氢储能系统的相对独立性和非地域限制等特征使其可以应用于分布式电网和微电网、变电所备用电源、工矿企业、商业中心等大型负荷中心的应急电源、无电地区和通信基站供电等场景，氢储能技术正逐步发展成为海上风电开发乃至能源互联网发展的重要支撑。

其五，氢储能系统能够助力保障电网侧的经济性。清华大学开发了CloudPass-IESLab综合能源系统数字孪生平台，并以福建省电网多场景下的电力排布情况进行了仿真计算（图2-3和图2-4）。根据预测结果，2050年福建电网新能源装机规模约1.56亿kW，如不考虑氢电耦合联产，难以利用的新能源电量接近14%。当39%的新能源装机配置为制氢时，投资经济性最优。在2025年新能源装机规模为2 313万kW情况下，建议以21.6%的新能源装机500万kW配置制氢规模，总投资收益最大。

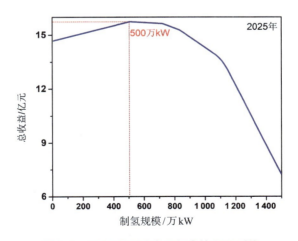

图2-3　2025年福建电网氢电协同预测值

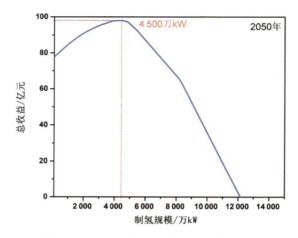

图 2-5　2050 年福建电网氢电协同预测值

（2）海上风电制氢促进大容量远距离海上电力送出

海上电能输送是除大容量海上风电并网外制约海上风电快速发展的另一主要瓶颈。与陆上风电输送不同，海上电能输送采用海底电缆，而非架空电线。目前，主流的海上风电输送方式为高压交流输电、电网换相型高压直流输电和柔性直流输电，海上风电场需要根据自身离岸距离、输送容量制定合理且经济的输送方案。

高压交流输电送出的初始一次性投资低，但交流电缆投资较高，需要配备无功补偿设备，常用于近海风电场电能送出。柔性直流输电送出则因为需要在两侧先行建设换流站，导致初始一次性投资较高，但其直流电缆投资较低，故常用于大容量远海岸风电场电能送出。交直流输电系统的等价距离与送出容量密切相关，但是目前应用的海上风电传输方式无法适用于所有的输电场景。海上风电制氢作为一种创新的"海上风电＋"综合开发模式，不仅是一种解决大容量远距离海上风电开发难题的有效途径，更能拓展氢源渠道，加速构建海上风电综合供给消纳体系，推动风能等可再生能源与传统能源协调发展，实现海上风电与氢能产业的双赢。

三、我国海上风电与氢能产业耦合支撑及发展潜力总结

我国共拥有超过 18 000 km 的大陆海岸线，岛屿辽阔，风能资源丰富，海上风电可开发量巨大。

东南沿海区域海风资源优良且电量稳定、电价相对较低。

据统计，我国到 2025 年累计装机并网容量将超过 6 000 万 kW。预计到 2060 年开发规模将超过 7 亿 kW。

海上风电逐渐成为我国沿海地区能源保障的有力补充。海上风电经过十余年的发展，勘探设计、设备研发制造和工程建设运营经验逐步积累和提升，造价也在逐步下降，为后续深远海海上风电的快速开发打下了坚实基础。

随着海上风电开发速度逐渐加快，开发规模大型化和地点深远海化、设备漂浮式的趋势明显，由于远距离电能送出成本、通道资源趋于紧张，电网建设相对滞后等问题，海上风电开发带来的电网消纳与电网调度安全压力不断增大。

氢储能系统具有如下优势：

平抑海上风电出力波动、提升电能质量；

提升供电可靠性，减小对电网的冲击；

促进大容量远距离海上电力送出；

提供电网调峰辅助容量，缓解输配线路阻塞。

基于以上优势，氢储能系统完全能够提升和保障电网运行的安全

性、稳定性和经济性，有效支撑沿海能源战略。

海上风电竞配政策的实施、开发能力的提升，有效降低了海上风电的开发成本，为海上风电制氢及氢基能源的发展提供了一定空间。

第三章

海上风电制氢及相关储运技术研究

一、海上风电制氢模式研究

可再生能源、氢基燃料是实现"双碳"目标和能源优势互补、替代石化能源的两大重要组成。预计到2060年，我国海上风电开发规模将超过7亿kW。利用海上风电制氢是解决海上风电大规模并网消纳难、大容量长时储能、深远海电力送出成本高等问题的有效手段，也是支撑沿海省份降碳的重要抓手，具有巨大的市场潜力和广阔的发展前景。

目前，我国海上风电制氢尚处于探索起步阶段，亟须因地制宜探索科学合理的海上风电制氢模式，布局海上风电制氢配套基础设施建设。

海上风电制氢可分为海上风电＋并（离）网陆上制氢模式、离（并）网海上集中式制氢模式、离（并）网海上分布式制氢模式。

1. 海上风电＋并（离）网陆上制氢模式

海上风电＋并（离）网陆上制氢模式，即海上风机输出的交流电通过海上升压站汇流升压后，经由交流海底电缆输送至陆上换流站换成直流电，然后再由变电站将电能传输到陆上制氢站通过电解槽进行制氢，将水电解后产生的氢气加工储存并运往各终端用户场地。

该模式是目前技术最为成熟的海上风电制氢模式，具有靠近消费终端、整个制氢系统安装维护方便、氢气储运成本低的特点，如将电解槽与主电网连接，则可避免风电的间歇性，确保电解槽稳定运行，提高电解槽利用率，降低氢气生产成本；但需要配套建设昂贵的输电海缆，限制了风电场的离岸距离。

2. 离（并）网海上集中式制氢模式

离（并）网海上集中式制氢模式，即海上风电场的风机所输出的交流电，须经海上换流站转换成海上制氢装置设施（如电解槽等）所需的直流电，交流变直流后再经海底电缆将电能输送至海上制氢站制氢，氢气通过海底输氢管道送至陆上氢能中转站进行分流。

该模式有利于集中开发深远海优质风能资源，但目前仍处于研究阶段，缺少复杂海洋环境下的工程验证，且新型海上制氢平台、紧凑型轻量化电解槽等核心关键设施设备的设计制造，以及高效经济的海上氢气储运技术（如海底管道输氢、液氢储运以及甲醇/氨等氢载体）仍需突破。

3. 离（并）网海上分布式制氢模式

离（并）网海上分布式制氢模式，即将电解槽整合在海上风机塔筒内或海上风电机组底部或半潜式浮式风电基础平台，风机发电直接电解水制氢，氢气接入现有海底天然气管网或专用输氢管网。

该模式最重要的特点是海上风电场里每个风机上的制氢系统装置都是独立的，它们各自的制氢系统相互独立，即使发生故障停运，其他风机的制氢系统也不会受到影响，从而保障了海上风电制氢系统的整体稳定性。

该模式对海底电缆、变压器等电气设备设施要求低，可减少海上平台占地，但也是最具挑战的海上制氢方式。目前海上风机电解槽一体化制氢技术尚处于研究阶段，可直接电解海水制氢的电解槽（堆）及系统关键技术研究、紧凑型海水原位制氢电解槽研发、电解槽与风机系统质能调控与优化策略研究及海上氢气储运技术研究是该模式布局的重点。

对于海上风电，特别是深远海风电，随着离岸距离的增加，海底电缆和送出工程的成本将大大增加。海上风电制氢是有效缓解海上风电快速增长和电网建设速度较慢之间的矛盾、解决大规模海上风电消纳问题、提高风能利用率、降低深远海上风电送出成本的有效途径之一，离网制氢是未来海上风电制氢的重要发展方向。

二、海上风电制储氢装备平台研究

海上风电制储氢装备平台主要分为海上风电制氢装备平台和漂浮式海上风电制氢装备平台两种。

固定式海上风电制氢装备平台主要指利用桩或其他形式将结构生根于海床，从而将载荷传递至海床，可分为单桩式基础、导管架式基础、负压筒式基础、重力式基础以及高桩承台等结构型式。

漂浮式海上风电制氢装备平台主要指结构漂浮于海面，利用系泊系统进行位置固定并抵抗外部载荷，可分为半潜式基础、驳船式基础、立柱式基础及张力腿式基础等结构型式。

未来主要的海上风电制氢装备平台结构型式如图3-1所示。

海上风电制储氢装备平台集氢气制取、氢能存储等功能于一体，对设计提出了很大的挑战。海上风电制氢装备结构设计需综合考虑以下因素：

一是作业水深、环境载荷和极端条件下的结构抗力，如台风、地震、海冰等条件下的结构响应。

二是作业状态下功能载荷的影响，还需计及与环境载荷的耦合效应，如风机载荷气动与波浪载荷水动的耦合作用，漂浮式海上风电制氢装备平台还需考虑锚泊的恢复效应等。

三是氢气作为可燃可爆气体，需考虑设备的总体布置和防火防爆设计，液氢应注意低温对材料、安全的不利影响，必要时应进行失效模式与后果风险分析等。

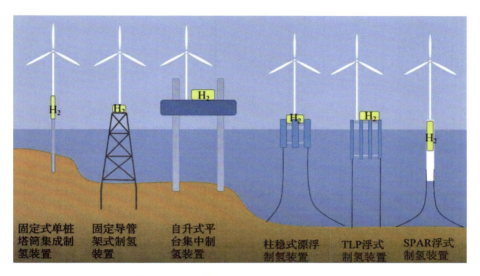

图3-1 海上风电制氢装备平台结构型式

资料来源：高畅、李红涛，《海上风电制氢关键技术及突围路径》，《海洋工程装备与技术》，2023（2）：89-94.

四是综合评估制储氢装备与制储氢设备的相互影响。

总体而言，上述海上装备平台的结构型式在传统海洋油气行业的应用较为成熟，但我国在海上风电制氢领域的应用研究起步较晚，还需要考虑特殊的载荷效应和不同的应用场景。但成熟技术的移植可为海上风电制氢装备平台的设计提供很好的借鉴和思路。

海上风电制储氢平台基础结构的建设主要取决于离岸距离、水深、海底条件、海况条件，以及成本等多方面因素。国内外既有的建设案例表明：在40 m以下水深海域，装备采用固定式单桩基础结构最为经济，国内外80%以上的海上风电机组采用此类结构；水深超过60 m时，固定式单桩基础结构所受波浪载荷巨大，且最低固有频率接近主波浪频率，很难满足设计要求，经济性比较差，因此大水深海域宜采用漂浮式基础结构。随着作业位置水深的不断增加，建设成本占投资总成本的比例也大幅增加，因此，海上风电制氢装备平台的合理选型与优化设计在综合考虑工况的基础上，还需要兼顾经济性考量。

三、海上风电制氢的存储与输配技术研究

氢气具有质量小、密度低、可液化、可与金属及有机物发生化合反应等特点，可以高压气氢、液氢、有机液态储氢（LOHC）、固态储氢等多种形态储运；储运方式有管道输氢及专用船舶运载，或者转存为氨、醇后运输。此外，还可以采取海底盐穴储氢和废弃油气田储氢。根据相关研究，氢储运环节的成本约占终端用氢总成本的30%—40%，也是降低终端用氢总成本的关键因素。因此，在选择氢储运方式时需要综合运输距离、地理位置和终端应用等因素，结合经济性考量进行决策。

1. 海上风电制氢的气态储输氢技术

气态储输氢具有设备结构简单、压缩氢气制备能耗低、充装和排放速度快、温度适应范围广等优点，是目前发展最成熟、最常用的储输氢技术。预计在未来较长的时间内其仍将占据氢气储存输送技术的主导地位。

（1）海底管道气态氢储输技术

管道输送是长距离、大规模气态输氢场景下的最佳选择，其运输效率、长期运营成本都有明显优势，在未来绿氢供应中发挥重要作用。

管输氢气已有超过80年的历史，全球范围内氢气输送管道总长度已超过6 000 km，绝大多数由氢气生产商运营，主要用于工业原料供

应。根据氢气纯度，输氢管道分为天然气掺氢管道和纯氢管道，前者是指在氢能发展初期，利用现有的天然气管道，将氢气加压后输入，使氢气与天然气混合输送的方式，降低输氢成本。后者是指专门用于纯氢气运输的管道，但铺设难度大、投资成本较高，是氢能管网建设的终极目标形态。对于天然气掺氢管道，氢气能够以2%—10%的比例（聚合物材质的管道最高掺混20%）掺混入天然气网络，无须对管道系统进行大量改造。但掺混氢气后的天然气管道中的混合气理化性质也会发生改变，可能给相关的设备、管道带来负面影响与潜在风险。此外，掺氢输送方案的掺氢比例、安全风险、天然气成分变化对天然气销售、燃气轮机等大型装备的适应性等相关影响都需要进行系统评估。

美国和欧洲地区最早布局铺设氢气管道网络。目前输氢管道最多的国家是美国，总长度已经超过2 700 km；欧洲地区的氢气输送管道长度也达到1 770 km。我国仅有陆上氢气管网，总长度约400 km，主要以天然气掺氢管道为主，最长的输氢管道是总长度约42 km、管道直径为457 mm、设计压力为4 000 kPa的"巴陵—长岭"氢气管道。我国陆上输氢管道正往纯氢管道发展。由于国内氢气管道规模化建设刚刚起步，相较于已经比较成熟的储氢罐、天然气输送管道等，氢气管道在防氢脆、材料、密封、监测、维护等方面有着更高的要求，同时也在材料研究、气体纯化、管道维护等方面产生了更多的需求与机遇。

2013年以来，向天然气管网掺入氢气的量增长了7倍，2020年达到约3 500吨，但增量几乎全部在欧洲地区。世界范围内氢气管道与天然气管道建设现状对比详见表3.1。

表3.1 全球氢气管道与天然气管道建设现状对比

管道类型	长度/km	直径/mm	压力/MPa	常用材料
氢气管道	6 000	304—914	2—10	X42合金钢，X52合金钢

续　表

管道类型	长度 /km	直径 /mm	压力 /MPa	常用材料
天然气管道	1 270 000	1 016—1 420	6—20	X76合金钢，X80合金钢

欧洲跨境输氢管道建设提速，已有近半数欧盟成员国公布跨境输氢管道建设计划。2023年，意大利、德国、奥地利三国能源部共同签署了一份氢气运输管道合作开发协议，该输氢管道名为"南部氢气走廊"，预计长3 300 km，拟起始于北非地区，每年可将地中海南部地区生产的至少400万吨绿氢输往欧洲，可满足欧盟2030年氢气进口目标的40%。

近年来，荷兰Strohm公司和英国Magma Global Ltd.等公司开发热塑性复合管（TCP），该管道采用热塑性衬垫，以玻璃纤维胶带、碳纤维胶带、芳纶胶带等连续强化材料制成，适用于油气输送、供水等不同场景。2023年，Strohm公司宣布参与荷兰政府资助的OFFSET项目，该项目包括一个正在开发的工业规模的浮动绿氢和氨项目，并将使用Strohm公司的TCP进行氢气储输。

陆上管道输氢经验表明，即使有专用的氢气管道，由于其线路固定，而大规模氢气需求（如化肥生产商、炼油厂、化工厂等）在不同地区的高度分散，难以满足绝大部分需求。此外，在"海上风电＋海上分布/集中制氢"场景中，若要将输氢管道铺设在海底，需要考虑海洋环境对管道材料和结构的影响，其建设面临成本高、技术复杂、环境影响难以评估以及需要开展国际合作等挑战。客观而言，海路运输的很多场景并不具备建设管道的条件，而且海底管道的维护难度和成本通常远高于陆上管道。

（2）船载高压气态氢储运技术

高压气态储氢具有设备结构简单、充装和排放速度快、温度适应范围广等优点，用于工业或运输的氢气通常被压缩到15—20 MPa；用于燃料电池车辆上的氢气通常被压缩到35 MPa或70 MPa。在加氢站，气态氢被分段压缩储存在容器中，最高压缩压力可达100 MPa。随着技术的进步，已开发并用于氢气运输和储存的气瓶共有四种类型，被广泛应用于移动式氢气运输气瓶、固定式储氢容器和车载储氢气瓶，并形成了不同的标准。

在高压氢气陆运方面，目前国内大规模使用的仍然是20 MPa Ⅰ型管束集装箱，单车储氢量不超过400 kg，国际上因氢燃料电池车数量尚不多，目前也基本以20 MPa Ⅰ型运氢管束为主，有少量应用更高压力复合材料运氢瓶组，如日本川崎重工采用45 MPa运氢瓶组。目前，为提高运输效率，降低气瓶自重，增加单位容积充装质量，采用大容积钢质内胆碳纤维缠绕气瓶。一些企业在积极研发的30 MPa的碳纤维缠绕长管管束集装箱，储氢量可以突破600 kg，但因运输法规、产品标准、成本、配套基础设施等原因，尚未投入市场。市场上主流规格管束集装箱参数详见表3.2。

表3.2 主流规格管束集装箱参数

管束类型	Ⅰ	Ⅱ	Ⅱ 碳纤维	Ⅱ 碳纤维
工作压力/MPa	20	20	20	20
气瓶外径/mm	559	715	715	719
总水容积/L	24 750	26 460	33 600	37 440
氢气质量/kg	369	395	502	549

对于海上风电制氢应用场景，高压气态储氢需要配备压缩机，因此对海上平台的强度要求较高；系统运维成本及电耗高；船载高压储氢罐效率相对较低，储氢量有限；且还存在海上运输风险、运输路权等问题。

(3)海底盐穴气态氢储存技术

海底盐穴是盐矿开采后留下的海底洞穴,具有体积大、储氢成本低、密封性好、安全性高等优点,可应用于石油、天然气和氢气等能源的储存。

海上风电制氢产生氢气,当有氢气需求时直接用于商业消费,当氢气产生量供大于求时,可以利用海底盐穴储存氢气;当求大于供时,再将海底盐穴储存的氢气及时送出,起到很好的调峰作用。但是,海底盐穴储存氢气会受海底地质构造的影响,技术成熟度还不足以支持全面推广应用。海底盐穴储存氢气,大量氢气高频率灌入或抽送时,可能会发生井筒材料破裂、洞穴结构损坏等,相关技术还需要不断完善。

盐穴储氢具有规模大、储氢成本低等优势,美国、英国、荷兰等国家由于拥有沉积范围广、厚度大的盐岩,已开展盐穴储氢库的评估及示范运行。其运行经验表明,盐穴可跨季节长期、安全地储存氢气,且不影响氢气品质。

(4)海上废弃油气田气态氢储存技术

海上油气开采需要建设大量的海上开发设施,废弃处置是油气田开发的最终环节,海上油气田停止生产作业后,如果没有其他合理用途,必须进行废弃处理。海上废弃油气田具有存储量大、经久耐用、安全性高等优点,所以,海上废弃油气田可应用于海上风电制氢的氢气储存,该方法具有明显的经济优势,但技术还不够成熟。与海底盐穴储存氢气相比,废弃油气田的内部会存在很多残留气体,如CH_4、H_2、CO_2等,如果氢气储存其中,就会影响氢气的品质和后续的直接利用,但如果能够得到有效利用,未来将有越来越多的废弃油气田变为储存氢气的空间,或成为海上风电制氢产业可持续发展的新支撑。

但受限于特定的地质构造,盐穴及废弃油气田储氢不具备广泛推广的条件,技术上仍面临挑战,如地下储氢监测技术等,特别是在高注入和抽采作业频率、高体积速率环境下，保持井筒材料、界面的完整性和耐久性的难度较大。

2. 海上风电制氢的液态储运氢技术

氢的液态储运包括液氢、氢-氨及液态有机氢载体等形式，各形式均可采用船舶运输。

（1）液氢船运技术

低温液态储氢属于物理储存，将氢气压缩深冷到−253℃以下成为液态，然后存储到容器中。液化过程耗能极大。国外液化氢技术发展较早，技术已很成熟。从液氢产能上来看，目前全球液氢产能约400吨/天，北美地区占了全球液氢产能总量的85%以上，且大多为10—30吨/天以上的大型液化装置，规模效应显著。国内液化氢技术起步较晚，与国外存在较大的差距。国内液氢主要用于航天领域，民用领域正处于发展初期。液化氢装备产业处于发展阶段，正在攻克研制大型氢膨胀机、冷箱和正仲氢转化器、液氢泵等关键设备。

船运低温液氢与液化天然气（LNG）运输相似，低温液态储氢船舶及液化成本高，且具有一定的技术壁垒。日本川崎重工从2014年开始研发世界上第一艘液化氢专用运输船，利用其在LNG运输船的设计和建造的丰富经验，并以此为基础自主开发了液化氢储存系统。2019年，用来评估液氢海上运输技术条件的原型船"Suiso Frontier"号下水，该船配备的长25 m、高16 m的椭圆形储罐能够储存1 250 m³的液化氢。2022年2月，该船完成了世界上首次液化氢长距离海运的实证试验，现处于示范评估阶段，旨在通过更多的装卸周期来评估其系统的性能、可靠性和完整性，并提供更多的操作经验。

我国尚无商用运输液氢的船舶。2024年4月，中国船舶集团第七〇八研究所发布了180 000 m³级和20 000 m³级液化氢运输船方案，其是目前全球最大舱容的液化氢运输船，现已完成基本方案论证并联合美国船级社 ABS 船级社进行认证，其中 20 000 m^3 级液化氢运输船已获颁原则性认可证书。

远距离大规模海上输氢能力成为海上制氢发展的重要制约因素。可借鉴现有大型 LNG 运输船的薄膜型 LNG 燃料舱、B 型 LNG 燃料舱及 C 型 LNG 燃料舱分类，开展适用于大型液氢运输船的舱型或罐型技术路线分析，研究大型液氢围护系统舱型及结构形式设计方案，综合考虑结构形式及绝热系统之间的相互影响，研制专门的大型氢能运输船舶。

（2）氢-氨储运技术

第一章提到，由于氨在储存和运输方面的明显优势，成为氢能的重要载体。基于氨-氢运输方式，氨被认为是推动可再生能源出口的关键载体，在大型绿氢等出口项目领域优势明显，成为日本、澳大利亚、新加坡等国家积极布局的重要方向。我国西北地区也正在建设一批绿色氢氨醇一体化项目。

对于海上风电制氢场景，由于海上风电的波动性，就地制氢合成氨需要温和柔性合成氨技术的进一步发展和细化；此外，需要配置转化设备及相关设施，对平台空间有要求，国内外正在开展攻关研究。2024 年 6 月 7 日，中集集电公司获得中国船级社颁发的首张海上合成氨工艺设计的原理性认可证书，这将推动海上氢-氨生产工艺设计和装备工程化落地。

（3）有机液态氢储运技术

有机液态储氢（LOHC）技术，即将氢储存在甲基环己烷（MCH）等饱和环状化合物，生成稳定化合物，从而可在常温常压下液态运输，到达使用地点后，在催化剂作用下通过脱氢反应提取氢气。LOHC 运输可依托已有的油品储运设施，如输油管道、储罐、油船等油品储运设施。德国、日本两国走在有机液态储氢路线规模化生产的前沿。2022 年 2 月，日本千代田在文莱制造 MCH 和氢气，然后通过海运方式运输到日本的炼油厂，实现了以甲基环己烷的形式进行氢气海上运输。MCH氢储运是一种潜在的全球清洁能源解决方案，这种方式也将助力国际社会脱碳供应链的生成。

LOHC技术的脱氢反应温度较高，所产氢气纯度不高且需配备相应的加氢、脱氢设备，适合在化工园区布局。因此，其若要在海上风电制氢应用场景实现大规模生产，就需要在海上平台储存大量储氢有机材料以满足持续稳定生产的需要，对海上平台的空间有较高要求。

3. 海上风电制氢的固态储运氢技术

固态储氢是指利用氢气与储氢材料之间的物理吸附或化学反应，转化形成固溶体或氢化物，将氢气储存在固态材料中，从而实现氢气的储存及运输。固态储氢从单位体积储氢密度、安全性等因素考虑，以及对运输工具的友好性方面看，是一种较具商业化发展前景的储存方式。固态储氢目前在交通领域起步相对较早，氢能自行车、氢能两轮车、氢能燃料电池叉车、加氢站均有示范项目；在电力调峰领域也有示范项目，华电集团、云南电科院、有研科技集团分别在泸定、昆明、张家口建设了相关示范项目；在备用电源领域，有应用于数据中心、医院、社区等的民用示范项目；在工业领域，固态储氢可以长期储存，减轻了企业的安全运维压力，还可以实现工业副产氢净化储运一体化。固态储氢移动式应用包括车（船）载储氢、运氢等领域。在氢能汽车领域，采用固态储氢技术的氢能两轮车已在佛山仙湖度假区、上海临港等地示范运营。另外，固态储罐也已在冷链物流车、大巴车应用。在运氢领域，吨级镁基固态储运氢车在上海落地，该车的存储能力是常规气态储氢的3—4倍。

固态储氢用于海上风电制氢场景时，无须配置大型振动设备，对海上平台的强度要求不高；其单位体积的储氢密度较气态储氢高，且可以常温常压运输，对运输船舶没有特殊要求。但固态储氢存在单位密度储氢量低，充放氢条件苛刻等不足，适用于短途运输。上海氢枫公司正在开展海上浮式平台氢储运关键技术及系统设备关键技术研究。受规模、壳体材料、储氢合金等因素影响，各主流企业的固态储氢工艺有所不同，成本差异较大，相关储氢及充放氢装置也尚处于早期示范阶段，在商业化应用方面仍有较多难题亟须攻关。未来随着产线规模的扩大和自动化程度的提高，固态储氢及其平台系统的制造成本有望大幅降低。

四、海上风电制氢及相关储运技术研究总结

海上风电制氢可分为：海上风电制氢可分为海上风电+并（离）网陆上制氢模式、离（并）网海上集中式制氢模式、离（并）网海上分布式制氢模式。近期可选用"近海风电+并网陆上制氢"模式，采用碱性电解槽或碱性+PEM电解槽组合的制氢设备。远期可发展"深远海海上风电+离网海上集中制氢（氨醇）"模式，选用PEM电解槽或海水电解槽制氢设备及漂浮式装备平台。

管道输送是长距离、大规模气态输氢场景下的最佳选择，在未来绿氢供应中发挥重要作用。目前，在管材防氢脆、密封、监测、维护等方面还存在挑战，且氢气终端用户高度分散，管道输氢难以满足绝大部分需求。全球尚无海底纯氢输送管道建设案例，海底管道输氢还面临建设成本高、技术复杂、环境影响评估以及国际合作等难题。海底盐穴储存氢气和废弃油气田储氢会受海底地质构造的影响，技术成熟度还不足以支持全面推广应用。

海上风电制氢的液态储运氢技术研究表明：液态储运氢适合运距较远、运量较大的情形，如跨国运氢。其中，液氢运输船舶及液化成本高，具有一定技术壁垒；氢-氨储运还需进一步优化合成氨工艺；有机液态氢储运方式所产氢气纯度不高，且加氢、脱氢操作需在化工园区进行。此外，在海上风电制氢应用场景时，上述方式对海上平台的空间有较高要求。

围绕海上风电制氢场景，海上风电制氢的储运技术方面，从短期来看，船载高压气态储氢适合小规模短途运输；从中期来看，氢以液态储运的市场化空间很大，核心在于液化关键技术与设备的国产化突破；固态储氢方式运输稳定，安全性优越，但尚处于商业化早期，未来可以作为"短距离氢储运"的途径之一。对于长距离的规模化海上运输，采用液氢、有机液态氢载体和氢-氨储运技术更有前景，在成本最优的解决方案的基础上，还需综合考虑终端应用、纯度要求和存储时间。

第四章

4

海上风电制氢可持续运营商业模式研究

一、不同海上风电制氢方案技术经济性比选

如第三章所述,由于海上风电场的特定环境和条件,按照制氢系统所处地理位置、电网连接方式的不同,海上风电制氢具有多种模式;结合电解所用淡水或海水情况,可形成不同海上风电电解水制氢方案。

由于电解海水尚无商业化应用案例,本章主要比选规模化电解淡水制氢技术方案,以山东某 500 MW 海上风电项目情况为例,开展典型海上风电制氢方案技术经济性测算及对比分析。

1. 海上风电制氢项目系统规模测算

对于风电与制氢相耦合的系统,风电出力具有随机性、波动性,而制氢系统需要稳定运行,下游企业亦需要稳定的氢源供应。因此,制氢电解槽需配套储氢装置,充分发挥电解槽灵活调节的能力,且需要配置一定规模的储能装置,为系统电力平衡提供支撑,满足系统的稳定运行需要。

系统规模测算的方法为:根据海上风电出力特性、制氢设备调节能力,考虑能源系统和化工系统各类安全可行的约束条件,在系统建设成本和运行成本最小的情况下,基于 8 760 小时实测数据进行逐时生产模拟,研究不同可再生资源配置下电化学储能、制氢设备、储氢规模等各类系统的最优规模。

基于山东某 500 MW 海上风电场全年的出力情况,对比不同产氢量

下风电制氢的投资与收益情况，场址规划安装50台10 MW风电机组，总容量为500 MW，平均水深为30 m，平均风速6.96 m/s，海上风电全年利用小时数为2 907小时，年发电量1 453 432 MW·h，按78%折减系数考虑。目前，ALK和PEM电解制氢技术已经实现商业化应用，鉴于PEM电解槽成本较ALK电解槽成本高，测算时采用ALK电解槽。测算分为并网方案和离网方案两种情况。

（1）边界条件

用于初步测算的设备单位投资：海上风电12 000元/kW，电储能1 000元/(kW·h)，储氢系统420元/Nm³，制氢系统14 500元/(Nm³/h)。单位投资按照山东半岛南海上风电项目、大安直流离网制氢项目、黑龙江齐齐哈尔风电制氢项目等制氢系统和储氢系统等的单价分别考虑。

电解制氢：电解淡水制氢均按照1 Nm³氢气消耗5 kW·h电力计算。

化工生产运行：化工生产按照一天一调节，波动范围为50%—110%。

离网方案：储能功率不低于风电装机的50%，时长2小时。

并网方案：海上风电并网制氢方案上网电量不超过20%，上网电价取0.394 9元/(kW·h)，不从电网购电，配置储能20%，时长2小时。

测算方法：基于时序生产模拟技术，测算不同方案下的氢价。

（2）并网方案制氢储氢规模计算

并网模式的测算过程结果如图4-1所示，具体数据详见表4.1。项目并网后，海风发电一部分用于制氢，余电上网，系统弃电较少，海电的上网收益可以补贴制氢成本。对比并网模式的五个规模，规模3年产22 000万Nm³氢气，约合1.96万吨氢气，制氢成本最低。规模4与规模3相比，弃电率为零，上网比例为20%，但系统需要增大电解槽和储氢的投资，经计算后制氢成本要略高于规模3。

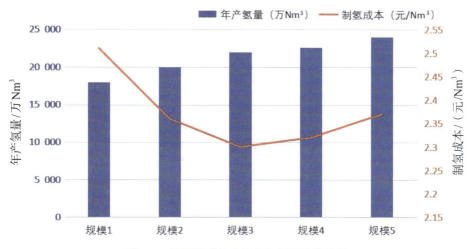

图4-1 并网模式年产氢气与氢气价格曲线

表4.1 并网模式不同规模对比

对比	储能	储氢	电解槽	弃电率	产氢	上网比例	氢价
单位	万kW·h	万Nm³	套	%	万Nm³	%	元/Nm³
规模1	20	80	40	15.99	18 000	20	2.51
规模2	20	100	46	9.07	20 000	20	2.36
规模3	20	135	57	2.09	22 000	20	2.30
规模4	20	162	61	0	22 600	20	2.32
规模5	20	190	65	0	24 000	15.42	2.37

并网模式下，推荐规模3，即建设10万kW/20万（kW·h）储能、135万Nm³储氢、57套1 000 Nm³/h规模的碱液电解槽。

（3）离网方案制氢储氢规模计算

离网模式测算过程如图4-2所示，具体数据详见表4.2。为维持离网制氢系统的稳定性，需要配置25万kW/50万（kW·h）的储能。为维持后端化工系统供氢的稳定性，同时需要配置较大规模的储氢。随着项目年产氢气的增加,系统需要配置的电解槽和储氢的规模也相应增加,海风的弃电率逐渐减小。虽然系统的年成本在增加,但氢气的价格在降低。综合对比后,规模3情况下的制氢成本最低,此时系统弃电率为7.96%,年产26 000万 Nm^3 氢气,约合2.32万吨氢气。

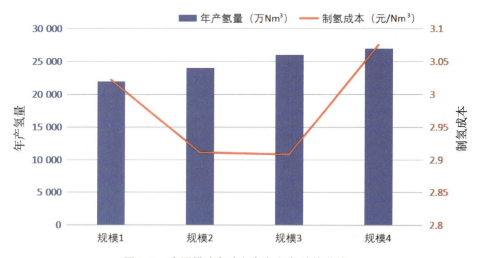

图4-2 离网模式年产氢气与氢气价格曲线

表4.2 离网模式不同规模对比

对比单位	储能 万 kW·h	储氢 万 Nm^3	电解槽 套	弃电率 %	产氢 万 Nm^3	氢气价格 元/Nm^3
规模1	50	123	52	22.13	22 000	3.022
规模2	50	165	61	15.13	24 000	2.911
规模3	50	260	73	7.96	26 000	2.908
规模4	50	425	82	4.19	27 000	3.075

离网模式下,推荐规模3,建设25万kW/50万(kW·h)储能、260万 Nm^3 储氢、73套1 000 Nm^3/h规模的碱液电解槽。

对比以上情况可知,相同产氢量情况下,并网方案的制氢成本低

第四章 海上风电制氢可持续运营商业模式研究

于离网方案。

2. 基于海上风电的不同制氢方案经济性测算

根据上述最低制氢成本的海上风电制氢建设规模,对不同离岸距离的海上风电并(离)网方案制氢经济性进行测算。编制依据及原则如下:

执行国家能源局发布的《海上风电场工程可行性研究报告编制规程》(NB/T 31032—2019)。

执行国家能源局发布的《海上风电场工程设计概算编制规定及费用标准》(NB/T 31009—2019)及配套的《海上风电场工程概算定额》(NB/T 31008—2019)。

执行国家能源局发布的《电力建设工程概算定额(2018年版)第二册 热力设备安装工程》。

根据发改投资〔2006〕1325号文颁布实施的《建设项目经济评价方法与参数》(第三版),以及《风电场项目经济评价规范》(NB/T 31085—2016)、《海上风电场工程可行性研究报告编制规程》(NB/T 31032—2019)等国家现行风电场建设项目的财税政策及相关标准。

(1)方案一:并网陆上制氢(离岸25 km)

本方案推荐建设一座220 kV海上升压站及一座陆上集控中心。海上升压站通过两回3×630 mm²海缆送至登陆点,再转架空线路送至陆上集控中心。在陆上集控中心附近建设一储能电站和一座制氢站。储能电站电芯采用磷酸铁锂电芯,储能电站充电功率为10万kW,容量为20万kW·h;制氢站选用57套产氢量为1 000 Nm³/h的碱性电解水制氢电解槽。氢气储存综合考虑技术发展成熟度、储氢体积密度、充放氢速率、经济性等因素,采用固定式中压气态氢气球罐。考虑一定余量,共配置45台储存量为3万Nm³的氢气球罐,有效储存量为135万Nm³。海水淡化系统按照260吨/时设置,包括制氢电解槽需要的除盐水,制氢电源、氢气纯化装置、氢气压缩机需要的冷却水,制氢厂区需要的采暖水、生活水、消防水、冲洗水等。制氢园区占地面积20公顷,建筑面积80 000 m²。

1)投资匡算

本方案新建50台10 MW海上风机、220 kV海上升压站、陆上集控中心、送出工程、储能电站、制氢站、制氢园区等,项目静态投资800 150万元,其中海上风电部分静态投资627 000万元,制氢部分静态投资173 150万元,详见表4.3。

表4.3 方案一的投资匡算

序号	项目	单位	数量	综合单价	费用/万元	备注
1	施工辅助工程	项	1			
2	风机及塔筒	MW	500			
3	风机基础(含附属结构等)材料及加工	吨	85 000			
4	风机及塔筒施工费用(含运输、安装等)	台	50			
5	基础施工费用(含运输、安装等)	座	50	12 000万元	600 000	
6	35 kV集电线路(含施工)	km	186			
7	220 kV海上升压站	座	1			
8	220 kV海缆及附件(含施工)	km	50			3×630 mm²
9	登陆点至陆集段线路	km	5			架空线路

续 表

序号	项 目	单 位	数量	综合单价	费用/万元	备 注
10	陆上集控中心	座	1	12 000万元	600 000	
11	送出工程	项	1	7 000万元	7 000	
12	储能电站	万kW·h	20	1 000元/（kW·h）	20 000	10万kW/20万kW·h
13	制氢站	1 000 Nm³/h	57	1 450万元	82 650	
14	氢气储罐及压缩站	万Nm³	135	420万元	56 700	
15	海水淡化及除盐水站	吨/时	260	20万元	5 200	
16	制氢园区	m²	80 000	建筑费用3 200元/平方米；厂区征地费用10万元/亩	28 600	厂区占地面积20公顷，建筑面积80 000 m²
	合 计				800 150	

2）效益分析

本方案海上风电发电量主要用于制氢站用电，剩余部分上网，弃电率2.09%，基本评价参数详见表4.4。

表4.4 方案一的效益分析基本评价参数

序 号	基 本 参 数	单 位	数 量
1	年发电量	MW·h	1 453 432
2	弃电率	%	2.09
3	上网电量	MW·h	290 686
4	上网电价	元/（kW·h）	0.394 9

续 表

序 号	基本参数	单 位	数 量
5	制氢用电量	MW·h	1 132 369
6	对外供氢量	万 Nm³	22 000
7	制氢部分年运维成本	万元/年	3 300

海上风电部分：本方案风电发电利用小时数为 290 7 小时，年发电量约 14.53 亿 kW·h，上网电量约 2.91 亿 kW·h，上网电价 0.394 9 元/（kW·h），制氢用电量约 11.32 亿 kW·h，弃电率 2.09%。

海上风电项目不考虑内部收益率，度电成本电价为 0.281 0 元/（kW·h）；资本金内部收益率按照 7% 测算，供应制氢站电价为 0.383 2 元/（kW·h）。

制氢站部分：本方案年对外供氢量为 22 000 万 Nm³，按照资本金内部收益率 8% 测算，当电价为 0.281 0 元/（kW·h）时，氢价为 2.232 1 元/Nm³（不含税）；当电价为 0.383 2 元/（kW·h）时，氢价为 2.783 9 元/Nm³（不含税）。

3）氢价敏感性分析

考虑到评价过程中的许多因素都存在一定程度的不确定性，为了从宏观和微观上反映某些因素变化时对经济效益的影响，选取投资变化 ±5%、±10%、±15%、±20% 时对制氢电价进行敏感性分析，详见表 4.5。

表 4.5 方案一的氢价敏感性分析

敏感幅度 /%	投资 /万元	氢价 /（元 /Nm³）
−20	640 120	1.897 6
−15	680 128	1.981 2
−10	720 135	2.064 8

第四章 海上风电制氢可持续运营商业模式研究

续　表

敏感幅度/%	投资/万元	氢价/(元/Nm³)
-5	760 143	2.148 5
基准方案	800 150	2.232 1
5	840 158	2.315 7
10	880 165	2.399 4
15	920 173	2.483 0
20	960 180	2.566 7

（2）方案二：并网陆上制氢（离岸75 km）

方案二离岸距离75 km，其他厂址条件与方案一相同。与方案一相比，海缆段需要增加一座海上补偿站用于无功补偿。海上风电送出线路长度由25 km增加到75 km，每年损失电费由372元增加到1 116元[按照海上风电上网电价0.394 9元/(kW·h)计算]，因此离岸距离产生的电量损失给项目带来的影响微乎其微。陆上制氢园区和电化学储能的设计方案均与方案一相同。

1）投资匡算

本方案项目静态投资884 650万元，其中海上风电部分静态投资711 500万元，制氢部分静态投资173 150万元，详见表4.6。

表4.6　方案二的投资匡算

序号	项目	单位	数量	综合单价	费用/万元
1	施工辅助工程	项	1		
2	风机及塔筒	MW	500	13 330万元	666 500
3	风机基础（含附属结构等）材料及加工	吨	85 000		

续 表

序号	项 目	单 位	数 量	综合单价	费用/万元
4	风机及塔筒施工费用（含运输、安装等）	台	50	13 330万元	666 500
5	基础施工费用（含运输、安装等）	座	50		
6	35 kV集电线路（含施工）	km	186		
7	220 kV海上升压站	座	1		
8	220 kV海缆及附件（含施工）	km	150		
9	登陆点至陆集段线路	km	5		
10	陆上集控中心	座	1		
11	陆上送出工程	项	1	7 000万元	7 000
12	储能电站	万kW·h	20	1 000元/(kW·h)	20 000
13	制氢站	1 000 Nm³/h	57	1 450万元	82 650
14	氢气储罐及压缩站	万Nm³	135	420万元	56 700
15	海水淡化及除盐水站	吨/时	260	20万元	5 200
16	制氢园区	m²	80 000	建筑费用3 200元/m²；厂区征地费用10万元/亩	28 600
17	海上补偿站	座	1		18 000
	合　计				**884 650**

2）效益分析

本方案海上风电发电量主要用于制氢站用电，剩余部分网上交易，弃电率2.09%，基本评价参数详见表4.7。

表4.7 方案二的效益分析基本评价参数

序号	基本参数	单位	数量
1	年发电量	MW·h	1 453 432
2	弃电率	%	2.09
3	上网电量	MWh	290 686
4	上网电价	元/(kW·h)	0.394 9
5	制氢用电量	MW·h	1 132 369
6	对外供氢量	万Nm^3	22 000
7	制氢部分年运维成本	万元/年	3 300

海上风电部分：本方案风电发电利用小时数2 907小时，年发电量约14.53亿kW·h，上网电量约2.90亿kW·h，上网部分电价为0.394 9元/(kW·h)，制氢用电量约11.32亿kW·h，弃电率为2.09%。

海上风电项目不考虑内部收益率，度电成本电价为0.332 1元/(kW·h)；资本金内部收益率按照7%测算，供应制氢站电价为0.470 7元/(kW·h)。

制氢站部分：本方案年对外供氢量为22 000万Nm^3，按照8%测算，当电价为0.332 1元/(kW·h)时，氢价为2.442 3元/Nm^3；当电价为0.470 7元/(kW·h)时，氢价为3.159 6元/Nm^3。

3）氢价敏感性分析

选取投资变化±5%、±10%、±15%、±20%时对氢价进行敏感性分析，详见表4.8。

表4.8 方案二的氢价敏感性分析

敏感幅度 /%	投资 / 万元	氢价 /（元 /Nm³）
－20	707 720	1.773 2
－15	751 953	1.940 5
－10	796 185	2.107 8
－5	840 418	2.275 0
基准方案	884 650	2.442 3
5	928 883	2.609 6
10	973 115	2.776 8
15	1 017 348	2.944 1
20	1 061 580	3.111 4

（3）方案三：离网陆上制氢（离岸75千米）

本方案厂址条件和海上输电方案与方案二相同。制氢站拟采用碱性电解水制氢方案，推荐选用73套产氢量为1 000 Nm³/h的电解槽。配建采用磷酸铁锂电芯的储能电站，充电功率为25万kW，容量为50万kW·h。考虑一定余量，配置87台储存量为3万Nm³的氢气球罐，有效储存量为260万Nm³。海水淡化系统按照300吨/时设置，包括制氢电解槽需要的除盐水，制氢电源、氢气纯化装置、氢气压缩机需要的冷却水及制氢厂区需要的采暖水、生活水、消防水、冲洗水等。制氢园区占地面积25公顷，建筑面积100 000 m²。

1）投资匡算

本方案项目静态投资991 300万元，其中海上风电部分静态投资734 500万元，制氢部分静态投资256 800万元，详见表4.9。

表4.9 方案三的投资匡算

序号	项目	单位	数量	综合单价	费用/万元
1	施工辅助工程	项	1		
2	风机及塔筒	MW	500		
3	风机基础（含附属结构等）材料及加工	吨	85 000		
4	风机及塔筒施工费用（含运输、安装等）	台	50		
5	基础施工费用（含运输、安装等）	座	50	13 330万元	666 500
6	35 kV集电线路（含施工）	km	186		
7	220 kV海上升压站	座	1		
8	220 kV海缆及附件（含施工）	km	150		
9	登陆点至陆集段线路	项	5		
10	陆上集控中心	座	1		
11	储能电站	万kW·h	50	1 000元/(kW·h)	50 000
12	制氢站	1 000 Nm³/h	73	1 450万元	105 850
13	氢气储罐及压缩站	万Nm³	260	420万元	109 200
14	海水淡化及除盐水站	吨/时	300	20万元	6 000
15	制氢园区	m²	100 000	建筑费用3 200元/m²；厂区征地费用10万/亩	35 750

续 表

序号	项目	单位	数量	综合单价	费用/万元
16	海上补偿站	座	1		18 000
		合　计			991 300

2）效益分析

本方案海上风电发电量全部用于制氢站用电，不进行网上交易，弃电率7.96%，基本评价参数详见表4.10。

表4.10　方案三的效益分析基本评价参数

序号	基本参数	单位	数量
1	年发电量	MW·h	1 453 432
2	弃电率	%	7.96
3	制氢用电量	MW·h	1 337 739
4	对外供氢量	万Nm^3	26 000
5	制氢部分年运维成本	万元/年	4 200

海上风电部分：本方案风电发电利用小时数为2 907小时，年发电量约14.53亿kW·h，制氢实际用电量约13.38亿kW·h，弃电率7.96%，

海上风电项目不考虑内部收益率，度电成本电价为0.357 4元/（kW·h）；资本金内部收益率按照7%测算，供应制氢站电价为0.490 8元/（kW·h）。

制氢站部分：本方案年对外供氢量26 000万Nm^3，资本金内部收益率按照8%测算，当电价为0.357 4元/（kW·h）时，氢价2.727 2元/Nm^3；当电价为0.490 8元/（kW·h）时，氢价3.416 8元/Nm^3。

3)氢价敏感性分析

选取投资变化±5%、±10%、±15%、±20%时对氢价进行敏感性分析,详见表4.11。

表4.11 方案三的氢价敏感性分析

敏感幅度/%	投资/万元	氢价/(元/Nm^3)
−20	793 040	2.058 1
−15	842 605	2.225 3
−10	892 170	2.392 6
−5	941 735	2.559 9
基准方案	991 300	2.727 2
5	1 040 865	2.894 4
10	1 090 430	3.061 7
15	1 139 995	3.229 0
20	1 189 560	3.396 2

(4)方案四:离网海上制氢(离岸75 km),管道输氢

本方案海上升压站附近建立大型集中式电解水制氢设施,采用离网方案,以输氢代替输电。海上制氢平台上布置有集控中心、储能电站、制氢站、储氢罐。制储氢设备配置同方案三。海水淡化系统按照300吨/时设置,包括制氢电解槽需要的除盐水,制氢电源、氢气纯化装置、氢气压缩机需要的冷却水及制氢厂区需要的采暖水、生活水、消防水、冲洗水等。海上制氢平台单层面积30 000 m^2,三层布置。输氢方式采用海底管道输氢采用TCP热塑性复合管。

1)投资匡算

项目静态投资1 268 950万元,其中海上风电部分静态投资569 750

万元，制氢部分静态投资699 200万元。

表4.12 方案四的投资匡算

序号	项目	单位	数量	综合单价	费用/万元	备注
1	施工辅助工程	项	1			
2	风机及塔筒	MW	500			
3	风机基础（含附属结构等）材料及加工	吨	85 000	10 395万元	519 750	
4	风机及塔筒施工费用（含运输、安装等）	台	50			
5	基础施工费用（含运输、安装等）	座	50			
6	35kV集电线路（含施工）	km	186			
7	储能电站	万kW·h	50	1 000元/(kW·h)	50 000	25万kW/50万(kW·h)
8	制氢站	1 000 Nm³/h	73	1 900万元	138 700	
9	氢气储罐及压缩站	万Nm³	260	550万元	143 000	
10	海水淡化及除盐水站	吨/时	300	25万元	7 500	
11	海上制氢储氢平台	m²	90 000		320 000	分为三层，单层面积30 000 m²，层高8 m + 8 m + 10 m

续 表

序号	项 目	单 位	数量	综合单价	费用/万元	备注
12	海底输氢管道	km	75	1 200万元	90 000	海底输氢管道年运维费用2 064万元/年
	合 计				1 268 950	

2）效益分析

本方案海上风电发电量全部用于制氢站用电，弃电率7.96%，基本评价参数详见表4.13。

表4.13 方案四的效益分析

序 号	基 本 参 数	单 位	数 量
1	年发电量	MW·h	1 453 432
2	弃电率	%	7.96
3	制氢用电量	MW·h	1 337 739
4	对外供氢量	万Nm^3	26 000
5	制氢部分年运维成本	万元/年	5 800
6	海底输氢管道运维	万元/年	2 064

海上风电部分：本方案风机发电利用小时数为2 907小时，年发电量约14.53亿kW·h，制氢用电量约13.37亿kW·h，弃电率7.96%。

海上风电项目不考虑内部收益率，度电成本电价为0.273 1元/(kW·h)；资本金内部收益率按照7%测算，供应制氢站电价为0.388 9元/(kW·h)。

制氢站部分：本方案年对外供氢量为26 000万Nm^3，按照8%测算，当电价为0.273 1元/(kW·h)时，氢价为3.679 8元/Nm^3；当电价为0.388 9元/（kW·h）时，氢价为4.271 3元/Nm³。

3）氢价敏感性分析

选取投资变化±5%、±10%、±15%、±20%时对氢价进行敏感性分析，详见表4.14。

表4.14 方案四的氢价敏感性分析

敏感幅度/%	投资/万元	氢价/（元/Nm³）
−20	1 015 160	3.010 7
−15	1 078 608	3.178 0
−10	1 142 055	3.345 3
−5	1 205 503	3.512 5
基准方案	1 268 950	3.679 8
5	1 332 398	3.847 1
10	1 395 845	4.014 4
15	1 459 293	4.181 6
20	1 522 740	4.348 9

（5）方案五：离网海上制氢（离岸75 km），船舶输氢

对于海上制氢船舶输氢方案，氢气按照镁基固态储运方案，据上海交通大学丁文江院士团队测算，以离岸100 km，40欧元/吨运输成本计算，氢气运输成本为7.8元/kg（0.7元/Nm³）。

1）投资匡算

本方案新建50台10 MW海上风机、储能电站、制氢站、氢气储罐及压缩站、海上制氢储氢平台等，项目静态投资1 178 950万元，其中海上风电部分静态投资569 750万元，制氢部分静态投资609 200万元。

表 4.15　方案五的投资匡算

序号	项　目	单　位	数　量	综合单价	费用/万元	备　注
1	施工辅助工程	项	1			
2	风机及塔筒	MW	500			
3	风机基础（含附属结构等）材料及加工	吨	85 000			
4	风机及塔筒施工费用（含运输、安装等）	台	50	10 395 万元	519 750	
5	基础施工费用（含运输、安装等）	座	50			
6	35 kV 集电线路（含施工）	km	186			
7	储能电站	万 kW·h	50	1 000 元/（kW·h）	50 000	25 万 kW/50 万 kW·h
8	制氢站	1 000 Nm³/h	73	1 900	138 700	
9	氢气储罐及压缩站	万 Nm³	260	550	143 000	
10	海水淡化及除盐水站	吨/时	300	25	7 500	
11	海上制氢储氢平台	m²	90 000		320 000	分为三层，单层面积 30 000 m²，层高 8 m + 8 m + 10 m，参考海上升压站投资按照比例估算

续 表

序号	项目	单位	数量	综合单价	费用/万元	备注
12	海上运输船	km	75			镁基固态运氢船，运氢成本0.7元/Nm³
	合　计				1 178 950	

2）效益分析

本方案海上风电发电量全部用于制氢站用电，不进行网上交易，弃电率7.96%，基本评价参数详见表4.16。

表4.16　方案三的效益分析

序号	基本参数	单位	数量
1	年发电量	MW·h	1 453 432
2	弃电率	%	7.96
3	制氢用电量	MW·h	1 337 739
4	对外供氢量	万Nm³	26 000
5	制氢部分年运维成本	万元/年	5 800
6	运输船运输成本	万元/年	18 200

海上风电部分：本方案风电发电利用小时数为290 7小时，年发电量约14.53亿kW·h，制氢用电量约13.38亿kW·h，弃电率7.96%。

海上风电项目不考虑内部收益率，度电成本电价为0.273 1元/（kW·h）；资本金内部收益率按照7%测算，供应制氢站电价为0.388 9元/（kW·h）。

制氢站部分：本方案年对外供氢量为26 000万Nm³，按照8%测算，当电价为0.273 1元/（kW·h）时，氢价为4.049 3元/Nm³；当电价为 0.388 9 元/(kW·h)时,氢价为 4.636 8 元/Nm³。

3)氢价敏感性分析

选取投资变化 ±5%、±10%、±15%、±20% 时对氢价进行敏感性分析,详见表 4.17。

表 4.17 方案五的氢价敏感性分析

敏感幅度 /%	投资 / 万元	氢价 /(元 /Nm³)
-20	943 160	3.380 2
-15	1 002 108	3.547 5
-10	1 061 055	3.714 7
-5	1 120 003	3.882 0
基准方案	1 178 950	4.049 3
5%	1 237 898	4.216 5
10%	1 296 845	4.383 8
15%	1 355 793	4.551 1
20%	1 414 740	4.718 4

3. 不同制氢方案经济性对比分析

对本课题研究的五种海上风电制氢及储运方案经济性对比分析(表 4.18),根据测算结果,初步结论如下:

满足相同资本金内部收益率时,不同方案的氢价从低到高依次为陆上制氢方案(并网 25 km)、陆上制氢方案(并网 75 km)、陆上制氢方案(离网 75 km)、海上制氢管道输氢、海上制氢船舶输氢。

按照不考虑海上风电资本金内部收益率的成本电价计算,五种方案中,最低氢价为 2.232 1 元/Nm³(25 元/kg),最高氢价为 4.049 3 元/Nm³(45.35 元/kg),与陆上风电制氢的氢价仍有一定差距。

表4.18 五种典型制氢技术方案经济性对比

序号		项目名称	单位	陆上制氢方案(并网25 km)	陆上制氢方案(并网75 km)	陆上制氢方案(离网75 km)	海上制氢管道输氢	海上制氢船舶输氢
1	基本参数	年发电量	MW·h	1 453 432	1 453 432	1 453 432	1 453 432	1 453 432
2		弃电率		2.09%	2.09%	7.96%	7.96%	7.96%
3		上网电量	MW·h	290 686	290 686			
4		上网电价	元/(kW·h)	0.394 9	0.394 9			
5		制氢用电量	MW·h	1 132 369	1 132 369	1 337 739	1 337 739	1 337 739
6		对外供氢量	万Nm³	22 000	22 000	26 000	26 000	26 000
7		制氢部分年运维	万元/年	3 300	3 300	4 200	5 800	5 800
8		海底输氢管道年运维	万元/年				2 064	
9		海上运输船运输费	万元/年					18 200
10		风电投资	万元	627 000	711 500	734 500	569 750	569 750
11		制氢站投资	万元	173 150	173 150	256 800	699 200	609 200
12	按海风7%收益方案	制氢电价(7%收益)	元/(kW·h)	0.383 2	0.470 7	0.490 8	0.388 9	0.388 9
13		制氢电费	万元/年	43 391	53 302	65 656	52 030	52 030

第四章 海上风电制氢可持续运营商业模式研究

续表

序号	项目名称	单位	陆上制氢方案(并网25 km)	陆上制氢方案(并网75 km)	陆上制氢方案(离网75 km)	海上制氢管道输氢	海上制氢船舶输氢
14	按海风7%收益方案 制氢单价(含税)	元/Nm³	3.034 5	3.444 0	3.724 3	4.655 7	5.054 1
15	制氢单价(不含税)	元/Nm³	2.783 9	3.159 6	3.416 8	4.271 3	4.636 8
16	制氢成本电价	元/(kW·h)	0.281 0	0.332 1	0.357 4	0.273 1	0.273 1
17	海风成本电价方案 制氢电费	万元/年	31 814	37 606	47 809	36 535	36 535
18	氢气售价(含税)	元/Nm³	2.433 0	2.662 1	2.972 6	4.011 0	4.413 7
19	制氢单价(不含税)	元/Nm³	2.232 1	2.442 3	2.727 2	3.679 8	4.049 3

因海上制氢储氢平台投资巨大，海上制氢方案经济性相对不足，现阶段宜优先选择陆上制氢方案。

在离岸 75 km 时，若采用海上制氢方案，则管道输氢的经济性优于船舶输氢（镁基固态储运氢）。

二、海上风电制氢主要应用场景

氢具有原料和能源属性，当氢气作为原料，下游消纳主要涵盖化工、冶金等领域，其中以化工为主要领域，化工行业对氢气的需求最大，主要用于生产氨、甲醇等化学品。其次，氢能作为绿色零碳能源，可替代或减少化石能源消耗，如燃气轮机掺氢燃烧、燃煤/天然气锅炉掺氨燃烧、氢内燃机、氢燃料电池技术等。相关预测表明，到2060年氢能将在终端能源消费中占据大约20%的比重。

1. 海上风电制氢耦合国际绿氢贸易需求

根据公开信息，2023年有14个国家首次推出国家氢能战略，另有美国、日本、德国更新了其氢能战略，其中，以德国、日本为首的发达国家基于未来氢能进口目标，上调了绿氢或清洁氢产能及利用目标。同时，受德国、日本及欧盟部分国家的氢能进口目标激励，以及国际跨国能源集团及国际合作的推动，南美、中东、非洲等地区的各国逐渐开始将氢能国际出口定位为其氢能发展目标。现就德国、日本、韩国的氢能战略作简要介绍。

（1）德国的氢能战略

德国在其最新的"国家氢能战略"中指出，预计到2030年，德国的氢能需求量将达到130 TW·h，其中50%—70%需要进口，德国政府正在制定相关进口战略。

此外，德国正着手大幅提升国内电解制氢能力，计划到2030年将国内电解制氢能力的目标提高1倍，从5 GW提高到至少10 GW。德国还将建立高效的氢能基础设施，计划在2027年/2028年前改造和新建超过1 800 km的氢气管道。德国政府预测，2030年之前大部分氢气及其衍生物将通过船舶进口（主要以氨的形式），2030年以后将越来越多地通过管道从欧洲其他国家进口绿氢，必要时还将从邻近地区进口。

欧洲已经具备大量生产和运输绿氢的能力，到2030年，欧洲各国将根据各自的进口战略，每年从欧盟成员国进口超过100 TW·h的氢气。

（2）日本的氢能战略

日本重点关注氨在火力发电厂的应用和作为航运燃料的使用。

在火电方面，日本计划到2030年用氨与燃煤混烧，替代全国燃煤发电站20%的煤炭供应，随着掺烧氨技术的成熟，这一比例将上升至50%以上，最终目标是建设氨气发电厂，并将其作为新的低碳电力结构的一部分。

在航运方面，日本船东NYK正与Japan Marine United和ClassNK合作设计以氨为动力的氨气运输船。日本目前每年约使用100万吨氨气，主要用于肥料和工业原料，其中大概20万吨需要进口。日本预计到2030年可建立新的燃料供应链，每年生产和使用300万吨清洁氨；到2050年，满足国内3 000万吨的氨需求，并可向更广泛的地区出口供应1亿吨清洁氨。

（3）韩国的氢能战略

韩国的氢能战略是在发电和运输领域创造大规模氢能需求，打造全球氢能供应链，扩大清洁氢能生态，实现氨气和氢气混烧发电，并在国外建设大规模制氢基地。

韩国计划到2030年，推广普及30 000辆氢燃料公交车和货车；到2036年，大规模集中式发电（氢气涡轮、氨混烧等）中清洁发电占比达到7.1%，在国内外建设大规模清洁氢气生产基地，打造氢能专用运输管网。

（4）国际绿氢贸易

氢的国际贸易刚起步，预计2030年，全球绿氢出口量将达到1 200万吨/年，其中出口最多的为拉丁美洲（300万吨），其次是以澳大利亚为主的大洋洲（270万吨）、欧洲（179万吨）、非洲（170万吨）、北美（110万吨）、中东（100万吨）和亚洲（70万吨），其中欧洲的大部分氢计划贸易项目在欧洲国家之间开展。

根据目前市场需求与可再生能源资源分布情况，预测澳大利亚—日本、北非—欧洲的贸易路线将逐步得到强化。海上风电制氢叠加港口优势，部分沿海国家和地区的绿氢国际贸易已呈现良好的发展态势与贸易前景。

2. 海上风电制氢耦合化工生产需求

化工是最大的氢气需求行业，也是绿氢发挥减碳作用的关键行业。绿氢在化工行业驱动力来自既有传统工艺流程的绿氢替代和新型化工生产的绿氢利用两种模式。

制备甲醇和合成氨是氢气消纳的最主要途径。甲醇是重要的化学原料，可用于制造烯烃、燃料添加剂等多种产品，在我国化工行业占有重要地位。合成氨贸易属性较强，全球范围内约70%的合成氨都用于国际贸易。

沿海地区是我国大型化工行业聚集地，同时其产品出口比例较高，在欧盟碳税政策的背景下，沿海地区化工绿氢替代一方面可满足其绿色出口需求，另一方面也是促进其行业本身低碳转型的重要途径。

短期内沿海海上风电制绿氢将主要在既有传统工艺流程中发挥对传统化石能源制氢的替代作用，并在条件相对成熟的部分绿氢新型化工项目中逐步开展试点应用。碳中和背景下化工行业氢能应用前景广阔。尽管短期内化工领域绿氢应用面临经济性挑战，但随着可再生能源发电价格持续下降，到2030年国内部分地区有望实现绿氢平价，化工领域的绿氢应用规模将快速增长。

3. 海上风电制氢耦合氢基燃料发电需求

氨与甲醇除了作为基础化工产品外，还可以作为新型燃料助力发电领域脱碳转型。

近年来，针对我国发电主体深度减碳、清洁供能的发展需求，氢燃气轮机、煤掺氨清洁燃烧技术也在逐步发展，目前回火和氮氧化物排放高等问题阻碍了氢燃气轮机的广泛应用。据公开资料显示，国外主流厂商燃氢技术以2030年前实现重型燃机100%燃氢为目标。目前，通用电气B级和E级燃机已具备100%燃氢能力，F级和H级燃机分别具备65%和50%燃氢能力。西门子SGT-600、SGT-700和SGT-800等燃机机型均已具备100%燃氢能力。三菱的J型燃机已具备30%燃氢能力。国内方面，国家电力投资集团于湖北荆门的在运燃机，2022年9月29日已实现0—30%掺氢燃烧改造和运行。

电站锅炉氨燃烧技术方面研究目前处于掺烧试验和工程示范阶段。现有试验研究表明，氨-煤混燃可大幅降低电站锅炉碳排放，对炉内温度及燃烧特性无显著改变。燃料氨的增加虽然会带来氮氧化物排放风险，但其可以通过燃烧分级、燃烧组织等方式有效调控。锅炉掺氨燃烧还需在燃烧基础理论、污染物排放与控制、模型开发验证及模拟预测、系统开发优化及工业示范等方面加强攻关。

2017年，日本在水岛发电厂156 MW燃煤机组上进行了氨-煤混燃发电试验，氨气掺烧比例为0.6%—0.8%。该试验充分表明了掺烧的氨气可完全燃烧，二氧化碳排放减少量正比于氨气燃料的掺烧量。2023年，皖能铜陵发电公司开展了300 MW火电机组煤粉掺氨燃烧工程示范，实现20吨/时的燃煤锅炉掺氨燃烧。

4. 海上风电制氢耦合钢铁工业脱碳需求

钢铁行业是实现绿色低碳发展的重要产业，对还原剂氢气的需求量非常大，绿氢替代一氧化碳成为钢铁行业脱碳关键原料及能源，碳税政策背景下绿氢渗透有望提速。基于氢气直接还原铁技术的氢气需求或将得到突破性增长。

我国钢铁行业发展的重点企业大多在沿海地区，相对更接近消费市场，能够依靠港口优势降低原料和产品运输成本，同时拥有充沛的可用水资源。海上风电制氢耦合钢铁生产，无论就地销售或者直接海运出口，都可以节省大量的运输成本。

当前，灰氢/蓝氢/绿氢各生产 1 kg 氢气所产生的二氧化碳分别为 25 kg/11 kg/0 kg，根据冶炼所需的焦炭和氢气量，以焦炭价格 2 500 元/吨测算，在不考虑碳税的情况下，氢气的成本为 9.55 元/kg 时，采用焦炭冶炼与采用氢气冶炼的成本相当，以 50 欧元/吨（400 元人民币/吨）的碳税价格测算，平价氢气的可接受成本将提升至 15 元/kg，按照目前的绿氢价格组成计算，绿氢的制取成本对应电价为 0.2 元/（kW·h），并且低于灰氢加碳税所折算下来的电价。2023 年，氢气冶炼试点项目启动，项目产能规模累计达 740 万吨。以冶炼 1 吨钢使用 60 kg 氢气测算，已宣布的氢气冶炼试点项目产能，对应将带动约 45 万吨氢气需求。

由此可见，钢铁企业为氢能提供了更多的落地应用机会，有着良好的示范效应和应用前景。

5. 海上风电制氢耦合氢基航运燃料需求

在国际海事组织减碳限硫要求的背景下，甲醇、氨是中长期最具应用前景的全球氢基燃料动力船舶的主要选择，若突破技术瓶颈，氢可成为终极替代能源。

甲醇用作船舶燃料优势显著，技术成熟度较高，相比传统燃油可减少 99% 的硫氧化物、60% 的氮氧化物和 95% 的颗粒物排放，同时价格仅为低硫船用柴油的 40%，且无须低温存储和绝热处理，燃料舱建造成本低于LNG、氨和氢燃料。

甲醇已被广泛跨洋运输，因其与油品均为液体燃料，加注系统与LNG具有互通性。当前船用甲醇加注主要依靠槽车，值得注意的是，2024年4月10日，上港集团加注船在洋山港搭靠集装箱轮进行了绿色甲醇船对船同步加注，使得甲醇加注的应用距离实现了突破。

氨属于零碳能源范畴，目前加注技术还不成熟，中长期应用潜力较大。由中国船级社（CCS）制定的《船舶应用氨燃料指南》（2022）已于2022年7月生效，该指导性文件从设计、制造和检验技术三个方面对氨燃料船舶提出了具体要求。

在硬件方面，目前全球范围内尚无使用纯氨燃料的船舶发动机，但工作的进展相对顺利，已进入商运阶段，首批氨动力船舶预计可于2025年投入运营，2030年后有望规模化普及。全球已有港口建设氨储存设施，但相关补给及配套设施还在探索建设当中。

将氢用作船用燃料的主要途径有两种：一种是氢燃料电池，目前仅适用于低功率应用场景，难以用于大型船舶的驱动；另一种是氢内燃机，其已在内河和近海船舶应用开展试点研究，但考虑到航运市场对燃料价格敏感度较高，短期应用于大型远洋船舶的可能性不大。

目前，船用氢燃料主要依靠卡车或拖车通过定制管道供应，还没有可供远洋船舶使用的加注船或加注码头。德国Alsterwasser游船在示范运营过程中配套搭建了码头式加氢站为船舶提供氢加注服务，这为我国船用氢能燃料的补给提供了思路和参考。虽然目前海上加氢站的运营和维护也面临着环境恶劣多变、风浪冲击、设备的腐蚀和磨损较为严重等诸多挑战，但通过合理的规划和布局，海上加氢站可以弥补陆上加氢站在地理位置上的不足，为远洋船舶、海上作业平台等提供便捷的加氢服务。

此外，海上加氢站的建设还可以促进氢能产业链的发展和完善，推动氢能技术的创新和应用。

在欧盟碳税等多重因素的驱动下，国际各大航运龙头企业开始将目光转向甲醇及氨燃料船舶。据悉，2023年全球新订造船舶中，甲醇燃料船舶的吨位占比达到13%，首艘氨燃料船舶也已下单，这为国际绿氢及氢基能源的消纳带来了明确的导向与需求。

三、海上风电制氢可持续运营商业模式设想

我国的氢气制备方式近期以工业灰氢为主，伴随着绿电制氢技术与装备升级，绿氢生产规模将逐渐扩大，中远期占比将显著提升。根据中国氢能联盟预测，到2060年，我国氢能年需求量在1.3亿吨左右，在终端能源消费中的占比将达到20%。

海上风电制氢有制氢规模大、成本较内陆绿氢高等特点，可采用"国内沿海灰氢替代，国际绿色氢能贸易"并行的商业模式，国内方面，以氢电联营和电价反哺及退坡机制，助力实现沿海化工和钢铁等行业的灰氢替代，实现降碳；国际方面，则以关注绿色甲醇、绿氨的国际贸易、航运交通推广应用为主。

1. 海上风电制氢市场竞争力分析

在国际贸易中，随着欧盟发布碳边界调整机制（CBAM），免费碳配额将在2026年至2034年将逐步取消。未来，水泥、铝业、化肥、发电、氢气和钢铁等高碳排放行业将逐步、有序纳入政府碳排放管理范围，碳税成为行业产品成本的重要影响因素。

目前欧盟碳价在80—100欧元/吨（622—778元人民币/吨），国内碳价在80—100元/吨，伴随欧盟碳边界调整机制的全面落地，国内碳价将迎来增长。按照600元/吨计算化石能源制氢成本，在不考虑碳税成本的情况下，煤炭价格为450—950元/吨时，煤制氢的价格为9.73—

13.70元/kg；天然气价格为1.67—2.74元/m³时，天然气制氢的价格为9.81—13.65元/kg。煤制氢和天然气制氢均易受到主要原材料价格波动的影响。考虑碳税后的灰氢综合成本详见表4.19。

表4.19　考虑碳税的灰氢综合成本

制氢工艺	碳排放强度/(kg CO_2/kg H_2)	碳价/(元/吨)	氢气生产成本/(元/kg)	氢气综合成本/(元/kg)	氢气综合成本/(元/Nm³)
煤制氢	24.3	600	9.90	24.48	2.200 8
天然气制氢	10.1	600	12.83	18.83	1.692 8

资料来源：中国产业发展促进会氢能分会整理

海上风电制氢项目测算结果与考虑碳税后的灰氢价格的对比详见表4.20。

表4.20　海上风电制氢项目测算结果与考虑碳税后的灰氢价格的对比　单位：元/Nm³

项目	陆上制氢方案（并网25 km）	陆上制氢方案（并网75 km）	陆上制氢方案（离网75 km）	海上制氢管道输氢	海上制氢船舶输氢
海上风电制氢	2.232 1	2.442 3	2.727 2	3.679 8	4.049 3
天然气制氢			1.692 8		
煤制氢			2.200 8		
差价	0.031 4	0.241 5	0.526 4	1.479 1	1.848 5

叠加碳税差价后，基于本研究边界条件的海上风电制氢方案成本仅略高于化石能源制氢成本，最小差价为0.031 4元/Nm³。海上风电制氢将是沿海地区氢源保障、助力行业产业降碳、增强产品竞争力的重要抓手。

2. 海上风电制氢的商业模式

（1）以氢电联营推动海上风电制氢项目落地

绿氢成本受电价和电解槽成本影响，在当前技术条件下还不具备与煤制氢、天然气制氢竞争的条件，远期随着电价降低、电解槽成本降低等因素叠加，电解水制氢成本将大幅度下降。现阶段我国海上风电制氢产品，尤其是深远海风电制氢产品难以获得价格优势，建议考虑以氢电联营方式推动项目落地，即合理设置氢电比例，海上风电部分电量以平价上网，其余电量供应制氢场站电解水制氢。

（2）以"国内沿海灰氢替代，国际绿色氢能贸易"并行的商业模式推动国内产业发展

目前，国内碳价远低于欧盟水平，海上风电制氢产品难以与化石能源制氢产品进行价格竞争。随着CBAM机制的出台，一方面，钢铁、铝、氢、水泥、化肥、电力等六大类出口商品降碳需求迫切；另一方面，国际绿色氢基燃料需求剧增。推荐海上风电制氢产品以"国内沿海灰氢替代，国际绿色氢能贸易"并行方式建立可持续商业模式。随着海上风电制氢产业的发展以及绿氢在氢能产品中占比的逐渐提升，电解制氢生产的绿氨、绿醇等产品的综合出口成本将比基于化石能源制氢生产的产品更具优势。

（3）以"海上风电场 + P2XFloater"探索氢-氨一体化创新模式

该方案的浮式储运能源船舶系统P2XFloater可从海上风电获取动力生产氢气，采用空分法从空气中提取氮气，通过高压和高温的作用，完成绿色液氨生产。系统所需淡水来源于海水净化，液氨生产过程采用传统工艺在氨气发生器中进行合成（图4-3）。

这种漂浮移动式制氢和合成氨及液化储存平台的优势在于可以实现分布式、小型化、低风险的电化清洁燃料来源和供给，适合离电源接入点较远、生产的绿氢或者绿氨可以就地利用、供航运燃料加注等

图 4-3　绿氨合成船效果图

资料来源：中国船检

场景。其为未来海上氢能产业发展与海上规模化能源生产、加注、运输提供了一种新的发展思路。

3. 海上风电制氢销售前景及客户预测

本研究进一步对海上风电制氢销售前景及客户等开展了调研，具体情况如下。

（1）钢铁行业

2023年我国粗钢产量为10.19亿吨，如果按照生产1吨钢铁需要氢气60 kg来计算，钢铁行业最大能为氢气提供6 000万吨的能耗替代空间。

（2）化工行业

合成甲醇和氨是绿氢的重要应用途径。2024年化石燃料合成氨的现货价格为2 400—3 600元/吨。我国自产绿氨的成本为3 580元/吨，经航运输出的落地价格均具有一定优势，出口意向强。

虽然当前绿氨的生产成本高于传统合成氨，但叠加碳税之后，绿氨相比于传统合成氨具有显著的成本优势，而此项成本差异将拉动下游绿氨制尿素、化肥等产品的出口。例如，欧洲各国及日本的自产合成氨价格折算后分别为 2 897 元/吨和 3 435 元/吨，叠加碳税需求后，这些国家的进口意愿较强。由此可见，全球各国之间的价差将带动绿氢及其衍生物的国际贸易需求，从而推动绿氢、绿氨、绿甲醇从低成本地区向高价格接受度地区流动，加速绿色能源的平价化，拉动市场提前发展。

（3）航运行业

据报道，至2030年前后，国际航运业零碳燃料的应用须达到5%—10%。相应地，到2030年全球绿色甲醇的需求或可达1 500万吨/年。此外，从甲醇燃料船舶订造情况来看，截至2023年年底，全球累计甲醇燃料船舶订单对应的绿色甲醇燃料需求已达约600万吨/年，若造船周期为4年，则到2028年600万吨/年的需求可全部释放。国内主要船东中远海控、招商轮船都已下单甲醇双燃料动力船。国家电投绿能科技发展有限公司副总经理在世界航商大会上称，目前甲醇燃料船订单量已超过LNG燃料船，照此趋势发展，全球绿色甲醇需求会出现很大缺口。

绿色甲醇尚未实现大规模稳定供应，采用绿氢和来自生物质的二氧化碳合成的绿色甲醇成为国际船运企业远洋货轮的主要燃料，价格可以达到4 500—6 000元/吨。2023年年底，马士基与金风科技的全资子公司金风绿色能源化工签署年产50万吨的长期绿色甲醇采购协议，是全球航运业首个大规模绿色甲醇采购协议，有效期持续至2030年后，将支持首批12艘大型甲醇双动力船舶实现低碳运营。

四、海上风电制氢可持续运营商业模式研究总结

本研究基于山东某500 MW海上风电场项目，在上网比例不超过20%情况下，对五种不同的海上风电制氢方案的经济性进行了测算。不同方案氢价由低到高依次为并网陆上制氢方案（离岸25 km）、并网陆上制氢方案（离岸75 km）、离网陆上制氢方案（离岸75 km）、离网海上制氢管道输氢方案（离岸75 km）、离网海上制氢船舶输氢方案（离岸75 km）。按照不考虑海上风电收益率的成本电价计算，五种方案中，最低氢价为2.232 1元/Nm^3（25元/kg），最高氢价为4.049 3元/Nm^3（45.35元/kg）。

当前采用"海上风电＋并网陆上制氢"方式具有经济性，可作为海上风电制氢培育期的主要模式。离网海上制氢方式是未来海上风电制氢的发展趋势，现阶段应加大补贴力度，引导海水电解制氢方向的研究布局及试点试验，为未来深远海海上风电离网制氢发展积累经验。

叠加600元/吨的碳税后，基于本研究测算的海上风电制氢方案成本仅略高于化石能源制氢成本，最低差价为0.031 4元/Nm^3。同时，沿海化工、海上航运、出口型企业的绿证要求、绿色低碳发展的需求为海上风电制氢和氢基燃料应用提供了多元应用场景，具有灰氢替代潜力，但需要适度部署大规模储运等基础设施建设。

建议采用氢电联营推动海上风电制氢项目落地，以"国内沿海灰氢替代，国际绿色氢能贸易"并行的商业模式推动海上风电制氢产业

发展。短期内绿氢将主要在传统工艺流程中发挥对化石能源制氢的替代作用，并在部分新型化工、发电项目中逐步开展试点应用；中长期关注绿氢、绿氨、绿醇的国际贸易及海运交通应用；远期来看，应实现深远海海上风电就地制氢、氨、醇，并可建设集氢、氨、醇供给以及船舶燃料加注等功能为一体的绿色能源基地。

第五章

5

海上风电制氢发展思路及建议

一、海上风电制氢发展总体思路及具体抓手

1. 总体思路

围绕国家碳达峰、碳中和目标，以《氢能产业发展中长期规划（2021—2035年）》为指导，明确海上风电制氢作为沿海能源体系的重要组成部分，推动海上风电制氢的战略性布局和产业化发展。

从技术成熟度、降本空间等角度，优选碱性电解水制氢、质子交换膜电解水制氢及海水原位制氢技术分别作为近中远期规模化发展的适配技术路线。

按照"安全为先、稳慎应用、示范先行"的原则，遵循产业发展规律，渐进推动并网陆上制氢、海上平台制氢、深远海漂浮式制氢的示范应用和规模化开发。

在市场主导、政府引导下，通过制定海上风电制氢配套产业落地政策、出台氢电联营和电价反哺及退坡机制等方式，推动海上风电制氢与同期氢气市场价格相匹配，稳健地推动海上制氢项目开发，将绿氢与绿氨、甲醇、可持续航空燃料等生产相结合，提高海洋资源综合利用效率。

充分发挥沿海港口、航运及工业聚集优势，重点发展国际氢能贸易、绿色航运及沿海工业灰氢替代市场，推进沿海区域加快形成较为完备的氢能产业技术创新体系、海上风电制氢及供应体系，有力支撑

碳达峰目标实现。

2. 具体抓手

（1）充分发挥海上风电制氢在沿海能源体系的新定位和新作用

我国海上风电资源丰富，可开发容量大，预计到2025年海上风电装机并网容量将超过6 000万kW；预计到2060年开发规模将超过7亿kW，对应制氢规模可达到4 500万吨，具有巨大的氢能可开发空间。

应进一步研究和明确海上风电制氢功能定位，将它作为沿海能源体系的重要组成部分，科学规划沿海海上风电开发和制氢规模。

一是其可以解决海上风电后续大规模开发接入、送出和消纳问题。随着海上风电装机比例的增加，将出现富余电能，氢储能可将沿海难以利用的海上风电电能转化为其他形式能源，考虑氢电耦合联产，可以提升海上风电的消纳比例。

二是其可以通过海上风电和海上制氢联营，平抑海上风电出力波动、提升电能质量，有效支撑电网安全稳定运行。同时，规模化海上制氢可作为东部沿海战略能源储备，发挥氢储能的跨区域、长周期优势。

三是其可以借助沿海港口航道优势，通过海上风电制氢，打造沿海地区氢能国际贸易和工业绿氢替代的新型产业链。

（2）分阶段推动ALK、PEM等电解水制氢技术在海上风电制氢项目中规模化应用

从技术成熟度和经济性来看，ALK电解槽具备技术相对成熟、结构简单、安全稳定、成本相对低廉等优势，是现阶段主流技术路线，已成功实现规模化制造和应用、占据主要市场份额，产业链较为成熟，单槽最大可达3 000 Nm^3/h，最成熟产品为1 000 Nm^3/h，是海上风电制氢（特别是并网陆上制氢）当前阶段最具经济竞争力的技术选型。制氢系统除电解槽外，还需配套除盐水、制氢电源、氢气纯化装置、氢

气压缩机等设备，海上制氢需同步配置海水淡化系统，且需考虑电解液渗漏等污染风险。

PEM电解槽使用质子交换膜作为固体电解质，电解效率高，占地空间小、无污染，可适应电源间歇性、波动性，动态响应快、操作范围宽，与海上风电平台适配性最好，是海上风电制氢中长期发展阶段的最佳技术路线。当前阶段，因其贵金属催化剂成本过高掣肘了其规模化推广，目前单槽最大产能为500 Nm^3/h，单位成本是ALK电解槽3—5倍，尚处于商业化初期，在技术成熟度、装置规模、关键材料性能和可靠性验证等方面还有较大进步空间。

海水电解制氢技术已经取得重大进展，有基于双膜系统的海水制氢技术、无淡化海水原位制氢技术、基于耐腐蚀电极的海水制氢技术等。但海水电解制氢技术总体处于实验室和产业化验证阶段，待技术成熟、成本控制和可靠性得到进一步验证后，中远期有望成为海上风电制氢的另一项重要技术路线。

（3）遵循产业发展规律，稳步推动海上风电由陆上并网制氢向海上离网制氢示范应用和规模化发展

海上风电制氢模式共有陆上制氢、海上固定平台制氢和漂浮式平台制氢等方式。陆上制氢将电解槽设置于沿海陆地，其主电源可同时与海上风电和电网连接，具有平抑海上风电间歇性、靠近消费终端、投资及风险可控等优势，是当前阶段近岸海上风电制氢的最优选择。

海上制氢系统分为集中式和分布式，适用于深远海资源开发，海上制氢装备平台造价较高，目前属于研究探索阶段。因此海上制氢虽是中远期深远海海上风电制氢的主要方式，但还需要一个较长的经验积累、成本控制过程，同时，海上制氢平台建设、紧凑型轻量化电解槽研制、海上风机电解槽一体化技术研发和相应的储运技术仍需突破和技术验证。

海上平台制氢的储运技术方面，从短期来看，船载高压气态储氢

适合小规模短途运输；从中期来看，氢以液态储运的市场化空间很大，核心在于液化关键技术与设备的国产化突破；固态储氢方式运输时稳定安全性优越，尚处于商业化早期，未来可以作为"短距离氢储运"的途径之一。对于长距离的规模化海上运输，技术层面采用液氢、有机液态氢载体和氢-氨储运方式更有前景，但经济层面要想实现储运成本最优还需综合考虑终端应用、纯度要求和存储时间等。

国外海上风电制氢试点示范项目中，部分项目因技术成熟度、经济性等方面的原因，陆续出现延期、暂缓甚至取消的情况，当前阶段推荐以"近海风电+并网陆上制氢"项目为依托，同步开展小规模海上平台离网制氢试点示范。进一步积累经验后，推动海上风电制氢由"陆上制氢"向"海上平台集中式制氢""深远海漂浮式制氢"发展。

（4）充分发挥沿海港口、航运及工业聚集优势，重点发展国际氢能贸易、绿色航运及沿海氢工业市场

当前技术水平和市场行情下，相同制氢规模下，海上风电制氢基于生产成本所形成的市场价格比灰氢的市场价格高30%以上，相较于陆上可再生能源制氢的市场价格要高15%以上，海上风电制氢难以具备价格竞争力。

应针对具有高价值的应用场景，重点发展海上风电制氢与绿氨、甲醇、SAF等相结合，开发出绿色氢基燃料。因此，其下游市场主要面向具备较高价格承受能力的国际氢能贸易、绿色航运和沿海工业减碳脱碳市场。

根据行业预测，全球氢能需求量到2030年和2050年分别约为1.3亿吨和5.36亿吨。航运绿色甲醇规模将分别达到1 500万吨/年和2.5亿吨/年；SAF规模将分别达到2 000万吨/年和8 600万吨/年；全球绿氢国际贸易规模将分别达到2 000万吨/年和2亿吨/年。

在价格方面，国际SAF价格约在19 000—22 000元/吨，绿色甲醇价格约在4 500—6 000元/吨，是传统化石燃料的2—3倍。全球各地区

的供需错位和巨大的价差将催生大量氢能贸易机会，为我国海上风电制氢提供了较好的价格支撑市场。

在"双碳"目标下，我国工业领域加快脱碳进程，绿氢替代灰氢需求在2030年、2050年将分别达到800万吨和3 000万吨，海上风电制氢对沿海工业灰氢替代可发挥重大作用。同时，将海上风电制氢与燃煤电厂大规模碳捕集相结合，实现碳氢耦合制备甲醇等综合利用，将成为又一条重要的绿氢消纳途径。

（5）通过氢电联营和电价反哺及退坡机制，推动海上风电制氢与同期市场价格相匹配

鉴于海上风电制氢成本大幅高于陆上可再生能源制氢、灰氢价格水平，建议在海上风电制氢产业导入期，调整现有的海上风电竞配方案：一方面采用氢电联营方式，即电量"部分平价上网+部分制氢"，合理分配平价发电和制氢的容量比例，用电价反哺机制和退坡机制平抑氢气价格，使其匹配不同时期的市场氢气价格；另一方面，将支持本地海上风电制氢技术装备产业发展、产业链带动等作为重要指标，促进海上风电制氢降本增效。多途径共同发力，从而推动海上制氢良性有序发展。

相关数据表明，通过电价反哺机制，在无额外补贴的情况下，可实现海上风电制氢具有同等的市场价格竞争力和灰氢替代能力。随着技术水平发展和成本下降，可逐步实施电价退坡机制，降低氢电联营比例，最终达到海上风电离网制氢总体价格具备市场竞争能力。

（6）综合谋划推动海上风电制氢产业化发展

海上风电制氢产业推动，总体考虑按项目规模化、技术标准化、空间深远化、结构一体化、方式移动化、形式多样化、商业多元化发展。

相关研究表明，只有规模化的海上风电制氢项目才能更好地满足制氢项目的经济性和内部收益率的要求。在技术标准及法律体系方面，

目前海上风电制氢的标准化几近空白，海上风电制氢技术的标准化将助力海上风电安全、可靠、稳定、规模化制氢。在深远海的大规模开发，应更加注重专属经济区与大陆架的海洋空间规划及其法律体系完善工作，促进海上风电制氢产业可持续发展。

在多样化方面，需结合资源禀赋特点和产业布局，因地制宜选择技术路线和应用场景，逐步推动多元制氢和场景应用体系。在海上风电制氢产业的消纳领域，可根据实际市场需求，大力开发多元化氢基燃料和工业原料，重点关注海上风电场结合浮式储运能源船舶一体化模式，其可为未来海上氢能产业发展与海上规模化能源生产、加注、运输提供一种新的发展思路。

二、海上风电制氢发展建议

一是进一步深化海上风电制氢在沿海能源体系中的定位研究。全面落实《中共中央 国务院关于加快经济社会发展全面绿色转型的意见》提出的加快海上风电等清洁能源基地建设和推进氢能"制储输用"全链条发展的部署和要求，在《氢能产业发展中长期规划（2021—2035年）》的指导下，明确海上风电制氢在国家能源战略中的重要意义，为海上风电制氢的未来发展制定明确规划，鼓励海上风电制氢产业朝着"技术水平先进、产业发展完善、国际竞争力强"的目标持续发展。

制定海上风电资源配置与海上风电制氢一体化规划。在未来的海上风电开发中充分考虑与海上风电制氢的耦合，逐步推进调整与海上风电制氢行业发展相适应的海上风电配置政策。

二是基于加快实现海上氢能产业的"制储输用"全链条发展的战略目标，积极组织制定符合我国海上风制氢全产业链实情的相关技术标准体系，并积极参与国际绿氢标准的制定与接轨，在为我国氢能行业的技术产品争取更多国际话语权的同时，使其更有效地促进我国沿海地区国际绿色氢能贸易的迅猛发展。

三是尽快研究出台基于海上风电制氢的氢电协同、电价反哺和退坡政策。加强探索氢电协同和电价反哺机制在海上风电制氢产业中的应用，以政策形式引导氢电协同机制在各类试点示范项目中进行推广，平抑氢气价格，提升海上风电制氢项目的经济可行性，实现产业良性有序发展。

四是围绕碳中和目标，燃煤电厂碳捕集技术结合绿氢制备甲醇是海上风电制氢重要的下游应用途径之一。研究制定符合中国国情的绿色甲醇相关标准，并增强在国际绿色甲醇标准制定方面的话语权，促进燃煤电厂碳捕集制备甲醇的消纳。

五是研究构建以氢电协同发展为主的国家产业协作机制。充分把握化工、冶金等重点行业脱碳需求的机会，通过跨界联营、融合发展的形式，充分发挥以海上风电制氢为核心的绿氢产业在区域绿色转型和经济发展方面的促进作用。

六是建立健全海上风电制氢产业安全监管体系。明确氢在生产与应用方面的能源属性，在海上风电制氢产业发展过程中，可借鉴陆上新能源制氢的管控方式制定海上风电制氢产业的相关政策法规。加强海上风电制氢产业融合推广，构建良好的产业发展氛围。

后记

华电福建公司是中国华电集团有限公司在福建区域的直属单位，是福建省装机规模最大、电源种类最丰富的发电企业，在运电源装机约1 217万千瓦，已投产、在建、拟建海上风电装机145万千瓦，并拥有我国首个国家级海上风电研究与试验检测基地，有丰富的海上风电开发建设、运行维护经验和试验研究能力。

近年来，华电福建公司深入贯彻实施"海洋强国""海上福建"等发展战略，持续在海上风电制氢、氢能应用场景及商业模式等方面，开展前瞻性研究和探索论证工作。积极主动推动规模化海上风电制氢示范，力争通过示范打通氢电耦合全产业链发展路径，进一步验证海上风电制氢在电力系统灵活性和安全性方面的功能作用，解决海上风电开发大型化、深远海化后面临大规模并网消纳难、深远海电力送出成本高等问题。同时，也为推动能源绿色低碳转型，早日实现"碳达峰碳中和"目标奉献创新前行之力。

在此，华电福建公司将针对我国海上风电制氢产业发展所做的研究成果展现给读者。希望广大读者在学习中深入了解海上风电制氢产业在我国经济社会发展全面绿色转型中的重要作用，与此同时，也希望社会各界对本书所述的研究成果予以认可、喜欢。